Franziska Lipp
Lieber Winter!

Für Alexander!

Herzlichst,
Franziska Lipp

Bundesministerium
Kunst, Kultur,
öffentlicher Dienst und Sport

Impressum

Bibliografische Information der Deutschen Nationalbibliothek
Die Deutsche Nationalbibliothek verzeichnet diese Publikation
in der Deutschen Nationalbibliografie; detaillierte bibliografische
Daten sind im Internet über http://dnb.d-nb.de abrufbar.

Lektorat: Anja Zachhuber
Grafik und Produktion: Nadine Kaschnig-Löbel
Druck: Floriančič tisk d.o.o.
Gedruckt in der EU

ISBN 978-3-7025-1091-6
auch als eBook erhältlich eISBN 978-3-7025-8111-4

www.pustet.at

Quellenangabe zum Zitat von Konrad Köstlin auf S. 60 :
Köstlin, Konrad: Das Weihnachtsquartal – eine neue Jahreszeit, in: Luidold, Lucia; Kammerhofer-Aggermann, Ulrike (Hg.): Im Winter und zur Weihnachtszeit. Bräuche im Salzburger Land 01. Zeitgeist | Lebenskonzepte | Rituale | Trends | Alternativen. 1. Ausgabe Salzburg 2002 (Salzburger Beiträge zur Volkskunde 13), elektr. Neuausgabe 2014, https://www.brauch.at/folge01/ch03.html#CD1ch03_01, aufgerufen am 27.06.2023.

Bildnachweis:
shutterstock.com: Lisla: Coverillustration; Kuzmina Aleksandra: S. 14; Yevheniia Lytvynovych: 21, 32; alyaBigJoy: 39; Vector Tradition: 44; Mascha Tace: 50; rraya/Polina Rybalchenko: 71; Epine: 74, 105; Elina Li: 98–99; Netkoff: 110–111; chempina: 125; nikiteev_konstantin: 129; Julia Solomatina: 136; oixxo: 141; Anny Sketches: 151; mamita: 156; Morphart Creation: 167; Sunny Whale: 175; Bodor Tivadar: 180; Afishka: 183; ornavi: 186; Spublishings: 192; Qualit Design: 198. unsplash.com: j lee: 10–11; mihai surdu: 46–47; Annie Spratt: 94–95; Donnie Rosie: 164–165.

Wir bemühen uns bei jedem unserer Bücher um eine ressourcenschonende Produktion. Alle unsere Titel werden in Österreich und seinen Nachbarländern gedruckt. Um umweltschädliche Verpackungen zu vermeiden, werden unsere Bücher nicht mehr einzeln in Folie eingeschweißt. Es ist uns ein Anliegen, einen nachhaltigen Beitrag zum Klima- und Umweltschutz zu leisten.

Franziska Lipp

Lieber Winter!

Betrachtungen zur kalten Jahreszeit

VERLAG ANTON PUSTET

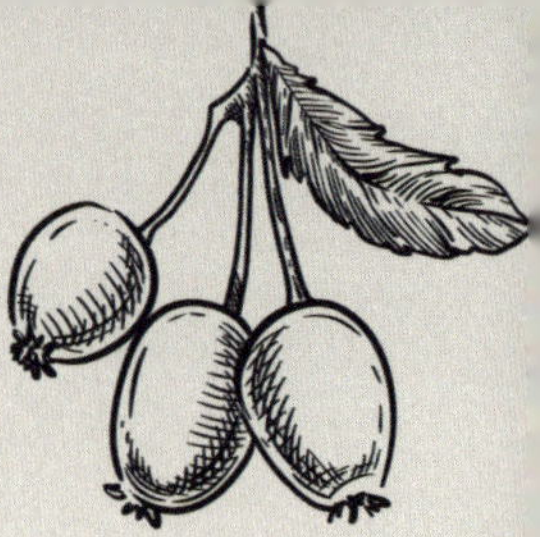

Inhalt

Ich lade Sie ein ...

Wenn der Winter Einzug hält, wird es ruhiger in und um uns. Nach den hellen Tagen des Sommers und der Farbenpracht des Herbstes bricht die kargste Zeit des Jahres an: Viele Menschen tun sich schwer mit der Kälte, dem Frost und der Dunkelheit. Das Leben legt eine Pause ein und niemand möchte nun gerne alleine sein. Doch der Winter fordert uns auf, sich genau auf diese Ruhe einzulassen und bei sich selbst einzukehren.

Der Winter bringt uns Geschenke dar, die es sich lohnt anzunehmen, um seine Zeitqualität zu erkennen: den ersten Schnee des Jahres, die blaue Stunde, mystische Bräuche des Advents, Weihnachten, die Raunächte, Silvester und das neue Jahr mit den ersten Schneeglöckchen und der Rückkehr des Lichts. Der Winter fordert uns auf, wieder Kind zu werden und sich der Freude und Vorfreude auf all das hinzugeben.

Ich möchte Sie von Herzen dazu einladen, mit mir durch die kalte Jahreszeit zu spazieren: Von November bis Februar erwarten uns viele Besonderheiten und Ereignisse, die zum Nachdenken und Innehalten anregen und spannende Themen offenbaren. Diese genauer zu betrachten, kann bereichernd sein. Ich lasse Sie an meinen eigenen Erfahrungen und Gedanken teilhaben, stelle Ihnen Bräuche und Traditionen aus meiner Salzburger Heimat vor und erzähle Ihnen Geschichten, die mich selbst berühren und begeistern.

Suchen Sie sich ein gemütliches Plätzchen für sich, dieses Buch und die nächsten Monate. Lassen Sie uns gemeinsam gut über den Winter kommen!

Ihre

1

Spätherbst

Heimkehr

„Wohin gehen wir?
Immer nach Hause.“

Novalis (1772–1801)

Hagebutte

Reife

Herbsttag

Herr: es ist Zeit. Der Sommer war sehr groß.
Leg deinen Schatten auf die Sonnenuhren,
und auf den Fluren lass die Winde los.

Befiehl den letzten Früchten voll zu sein;
gib ihnen noch zwei südlichere Tage,
dränge sie zur Vollendung hin und jage
die letzte Süße in den schweren Wein.

Wer jetzt kein Haus hat, baut sich keines mehr.
Wer jetzt allein ist, wird es lange bleiben,
wird wachen, lesen, lange Briefe schreiben
und wird in den Alleen hin und her
unruhig wandern, wenn die Blätter treiben.

Rainer Maria Rilke (1875–1926)

„Herr: es ist Zeit. Der Sommer war sehr groß." Mit diesen Worten beginnt Rainer Maria Rilkes Gedicht „Herbsttag" aus dem Jahr 1902. Schon in den ersten Zeilen schwingt Sehnsucht, ja, sogar ein klein wenig Wehmut mit. Viele von uns ereilt bei dem Gedanken, dass erneut ein Sommer zu Ende gegangen ist, ein seltsam trauriges Gefühl. Denn nun heißt es, endgültig Abschied zu nehmen von den warmen, aufregenden Tagen, die wir zu großen Teilen draußen im Freien verbrachten.

Das Loslassen, so stellen wir immer wieder fest, gehört nicht zu den einfachsten Aufgaben im Leben. Schon Friedrich Nietzsche, ein Zeitgenosse und Weggefährte Rainer Maria Rilkes, schrieb: „Denn alle Lust will – Ewigkeit!" Und geradeso lässt sich die übergroße Liebe vieler Menschen zum Sommer erklären: Wir würden ihn so gerne festhalten – am liebsten für ewig. Doch im Spätherbst ist der Sommer endgültig passé. Und auch wenn es sich nicht so anfühlt, hat das seine Richtigkeit. Nichts im Leben währt ewig.

Vielen von uns stellen sich angesichts der kürzer werdenden Tage unwillkürlich Fragen wie diese:

Wie viele Sommer liegen noch vor mir?
Wie oft werde ich mich noch daran erfreuen, die ersten Schwalben des Jahres zu begrüßen?
Wie oft werde ich noch – erhitzt von einem sommerlichen Sonnentag – in einen kühlen See springen?
Wie viele Male werde ich noch den schweren Duft der Glyzinie, des Flieders und des Jasmins einatmen?
Wie viele Bergsommer wird es für mich noch geben?

Und trotz dieser Gedanken ist der Herbst für viele Menschen die schönste Zeit des Jahres. Denn die Laubwälder

offenbaren ihre farbenfrohe Pracht, die tiefstehende Nachmittagssonne taucht die Beete und Sträucher des Gartens in einen goldenen Schein und niemals ist die Fernsicht auf den Bergen besser als jetzt.
Die Hagebutten glänzen wie Rubine in den letzten Sonnenstrahlen, Nebelschwaden legen sich wie elegante Seidenschals um die purpurnen Köpfchen. In den ersten frostigen Nächten werden die Früchte der Hundsrose nicht nur von einer hauchdünnen, diamantenen Eisschicht überzogen, sie erhalten auch ihre Süße, die Tees und Marmeladen ein besonderes Aroma verleiht, das schon die Kinder lieben.

Auch die Mispeln und die letzten Trauben an den Rebstöcken brauchen den Frost, um ihre volle Süße auszubilden. Und ganz unvermittelt frage ich mich: Sind es nicht auch unsere frostigsten Nächte, die uns reifen lassen?
Sind es nicht die dunkelsten und kältesten Stunden, die uns Schritt für Schritt zu dem machen, was wir am Ende unseres Lebens sein werden? Menschen mit Erfahrungen aller Art! Erfahrungen, die sich in unserem Inneren gesammelt haben wie die kleinen Samen einer Hagebutte. Schöne und enttäuschende, bereichernde und schmerzvolle, traurige und glückliche.

Die frostigsten Stunden können eine harte Probe darstellen: doch erst indem wir sie durchleben, entdecken wir unser eigenes Potenzial. Heranzureifen und in die Fülle zu kommen, bedeutet, die Kälte gespürt zu haben und sodann mit vollreifer Süße belohnt zu werden.
Zu reifen bedeutet, den eigenen Weg zu gehen und sich der Zeit und dem Leben hinzugeben: Die Natur macht es uns im Jahreskreis vor. Die ersten Knospen des Frühjahrs verwandeln sich in duftende Blüten, die sich nun – am Ende des Herbstes – in kleine Butten verwandeln und Samen einlagern für den nächsten Zyklus.
Rainer Maria Rilke schreibt: „Wer jetzt kein Haus hat, baut sich keines mehr."

Haben wir schon unser Haus gebaut, unsere Hagebutte ausgebildet?
Haben wir unsere Kräfte gesammelt, um gut überwintern zu können?

Es ist an der Zeit, alle Vorbereitungen zu treffen, um nach einem langen Sommer nach Hause zu kommen. Der Herbst ist die Zeit des Erntedanks. Die Ernte ist eingebracht. Der Winter steht vor der Tür und jede einzelne Erfahrung wird uns irgendwann in unserem Leben zugutekommen. Weil wir sie brauchen können für neue Herausforderungen. Weil das Leben auch ein lebenslanges Lernen ist. Und weil es für den Winter durchaus Mut braucht.

Die Natur weiß, wie sie mit den kältesten und dunkelsten Stunden des Jahres umzugehen hat. Wissen wir es auch? Haben wir unsere Erfahrungen gesammelt – und können wir diese auch schätzen? Auch jene Erfahrungen des – echten oder vermeintlichen – Scheiterns, in denen wir nicht

das leisten konnten, was wir uns erhofft haben. In denen sich unsere Wünsche nicht erfüllt haben.
Die kleinen Samen in den Hagebutten sind mit borstigen Härchen versetzt, die einen starken Juckreiz auslösen können. Welch herrliche Metapher dafür, dass es im Inneren manchmal durchaus anders aussehen kann, als es das hübsche Äußere vermuten lässt. Manche Erfahrungen sind einfach haarig.
Doch nun ist nicht der Zeitpunkt, allzu streng mit uns zu sein. Rüsten wir uns lieber für die Tage, die vor uns liegen: die kalten, dunklen und frostigen.
Der Winter, wie er sich so vor uns aufbaut, kann durchaus beeindruckend sein, weiß man ihn nicht am Schopfe zu packen und ihn sich ganz und gar zu eigen zu machen.
Seien wir jetzt besonders gut zu uns und ziehen wir uns ins Innerste zurück. Ruhen wir uns aus von einem langen Sommer und freuen wir uns auf einen geruhsamen Winter.
Das eigene Zuhause liegt tief in unserem Innersten. Nun ist es Zeit, sich wieder auf dieses zu besinnen.

Spätherbsttage – ob sonnig oder nebelig – laden zu ausgiebigen Spaziergängen ein: An den Rändern von Wiesen und Wäldern wachsen Hecken- und Hundsrosen, die nun die roten Hagebutten tragen. Ob für einen selbst gemachten Türkranz, für die Vase oder Marmelade: die Hagebutten, die die ersten frostigen Nächte hinter sich gebracht haben, versüßen diese Zeit.

Ein Männlein steht im Walde
Ganz still und stumm,
Es hat von lauter Purpur
Ein Mäntlein um.
Sagt, wer mag das Männlein sein,
Das da steht im Wald' allein
Mit dem purpurrothen Mäntelein?

Das Männlein steht im Walde
Auf Einem Bein
Und hat auf seinem Haupte
Schwarz Käpplein klein.
Sagt, wer mag das Männlein sein,
Das da steht im Wald' allein
Mit dem kleinen schwarzen Käppelein?

Des Rätsels Lösung:
August Heinrich Hoffmann von Fallersleben (1798–1874)
beschreibt in seinem Lied die Hagebutte.

Vogelflug

Schicksal

„Alle Vöglein sind schon da, alle Vöglein alle", singen wir im Frühjahr. Aber ein Blick in den herbstlichen Garten zeigt ein ganz anderes, unerwartetes Bild. Jetzt sind sie da: die so sehr Vermissten und lang Herbeigesehnten. Die entzückenden gefiederten Geschöpfe, die sich im Sommer rar gemacht haben, versammeln sich wieder ums Vogelhäuschen: die Wacholderdrossel, die Goldammer und der Grünfink beleben den Garten, der von Tag zu Tag ein wenig kahler wird. Der Grünsprecht mit seinem roten Häubchen steckt seinen langen, spitzen Schnabel in jedes noch so kleine Erdloch auf der Suche nach seiner einzigen und liebsten Mahlzeit – den Ameisen. Sein farbenfroher Verwandter – der Buntspecht – führt sich auf wie ein Clown: Vorwitzig klammert er sich am Holzstamm fest, zu dessen oberst das Vogelhaus angebracht ist, und vollführt einen Tanz wie Rumpelstilzchen. Rauf und runter, hin und her und einmal rundherum.

Die Amseln picken an den Apfelhälften, die für sie aufgeschnitten und bereitgelegt wurden. Sie kennen das Buffet – einer zumindest ganz sicher: „Mister Willis" verbrachte vor einem Jahr zwei Wochen in unserem Gästebad. An einem kalten Jännertag saß er – zerrupft und verletzt – am Rand einer vielbefahrenen Straße: Ein Flügelchen hing schlaff am Körper, der Vogel wirkte, als hätte er sich seinem Schicksal ergeben. Doch schon nach ein paar Tagen mit Vogelfutter und Apfelspalten erwachte erneut die Lebenskraft in dem kleinen Tier. Als wir nach der Zeit der Rekonvaleszenz das Dachfenster öffneten, segelte die Amsel – noch etwas schief, aber doch gekonnt – in den Garten.

Neben den Amseln sind es die Stieglitze, die den Garten im November in einen wahren Farbwirbel verwandeln: In Scharen von bis zu zwanzig Vögeln fallen sie über die Samenstände der Echinacea und Karden her und nehmen in der Morgensonne ihr Frühstück ein. Dass sie keine Angst vor stacheligen Pflanzen haben – ja, deren Samen sogar lieben –, brachte ihnen den Namen Distelfink ein.
In der idyllisch gelegenen Wallfahrtskirche Maria Kirchental in St. Martin bei Lofer im Salzburger Land findet sich im Zentrum des neobarocken Hochaltaraufbaus ein Gnadenbild. Die Muttergottes aus dem frühen 15. Jahrhundert hält ein Jesuskind auf dem Arm, das wiederum auf ein Vögelchen in seiner Hand blickt: einen Stieglitz. Immer wieder taucht der Distelfink in sakralen Darstellungen der Renaissance auf: Leonardo da Pistoia als auch Raffael schufen im 16. Jahrhundert Werke, die Madonna mit Kind und Distelfink zeigen. Der rote Fleck auf dem Kopf des Vogels gilt als Symbol für den Kreuzestod Christi und für dessen Leiden in der Passion.

Das Jesuskind nimmt den Stieglitz entgegen, hält ihn in seiner Hand: Was so niedlich und naiv aussieht, bekommt mit dem Wissen um Jesu Leben und Sterben eine neue

Dimension. Das Vögelchen entgegenzunehmen, bedeutet auch, sein Schicksal anzunehmen. Angstfrei ja zu sagen! Und aus allem, was einem begegnet, ein stimmiges Leben zu machen.

Wenn sich die Stare im Herbst zu großen Schwärmen sammeln oder die Graugänse in perfekter V-Form am Himmel über unseren Garten fliegen, wünsche ich ihnen eine „Gute Reise". Tausende von Kilometern legen die Zugvögel – zum Teil nur wenige Gramm schwer – zurück, überqueren Berge und Meere. Auch sie kennen ihr Schicksal nicht, wissen nicht, was sie erwartet. Es ist eine aufregende Reise, die in ihre DNA eingeschrieben ist. Sie brauchen kein Navigationsgerät und keinen Kompass: Jede Zelle ihres kleinen Körpers kennt den Weg. Den Weg ins Winterquartier.

Was sie auf ihrer Reise erwartet, vermag niemand vorauszusagen. Sie fliegen ihrem Schicksal entgegen: die jüngeren Vögel unerfahren und unbedarft, die Älteren weiser und wissender. Auch wir folgen denen, die den Weg schon vor uns gegangen sind. Nicht immer ist uns das bewusst, aber irgendwann im Laufe unseres Lebens geraten viele von uns an diesen Punkt, an dem wir feststellen: „Ach, das hat doch meine Großmutter schon so gemacht" oder „Dieses oder jenes habe ich von meinem Vater übernommen". Dann wird klar, dass wir uns niemals ganz alleine auf den Weg gemacht haben, sondern immer Teil eines größeren Gefüges sind. Wir bilden einen Verbund mit unseren Ahninnen und Ahnen, mit unseren Zeitgenossinnen und Zeitgenossen und denen, die uns nachfolgen.

Wir sind niemals ganz alleine mit unserem Schicksal – wir fliegen gemeinsam!

Angstfrei aufzubrechen und zu tun, wofür wir hier auf dieser Welt sind – die Vögel machen es uns vor. Und die Frage nach dem Sinn des Lebens ergibt sich plötzlich durch das Leben selbst.

Deshalb ist der Blick aus dem Fenster in den frühwinterlichen Garten immer wieder voller Freude: Die bunte Vogelschar belebt die frostige Welt da draußen. Ihr Gezwitscher und Gehabe, ihr Gepicke und Gezeter mitanzusehen, ist herzerfrischend. Die Vögel haben ein starkes soziales Gefüge, kommunizieren miteinander. Die Elstern versammeln sich wie zum Kaffeeklatsch. Raben, so bestätigt es die Wissenschaft, können sogar gezielt Informationen voreinander verbergen und die Gedanken ihrer Artgenossinnen und Artgenossen lesen.

Vielleicht, so kommt es mir in den Sinn, können wir das auch. Vielleicht haben wir diese Fähigkeit nur vergessen oder verlernt, wie so vieles andere auch. Vielleicht sind die Vögel da draußen vor dem Fenster große, kleine Lehrmeisterinnen und Lehrmeister: Sie müssen nichts sein, wollen nichts darstellen. Sie sind, was sie sind und können so viel. Und das ist vollends genug.

Wir sehen uns im Frühling!

Jener Vogel, den wir wie keinen anderen mit dem Sommer verbinden, verlässt unsere Gefilde bereits früh im Herbst. „Mariä Geburt fliegen alle Schwalben furt“ heißt ein Sprichwort und gemeint ist der 8. September. Schon in der ersten Septemberhälfte sammeln sich die Schwalben und ziehen in großen Schwärmen in Richtung Süden. Auch ihre Rückkehr in unsere Breitengrade ist eng an einen Marienfeiertag geknüpft: Rund um den 25. März – zu Mariä Verkündigung – werden die ersten Schwalben wieder bei uns gesichtet.

Vogelfutter selber herstellen

Wer Vögel füttert, sollte das Füttern konsequent von November bis März beibehalten. Von gekauften Meisenknödeln unbedingt die Plastiknetze entfernen, da die Gefahr besteht, dass die Vögel darin hängen bleiben. Selbst gemachtes Vogelfutter ist einfach zuzubereiten.

Sie brauchen:
Rindertalg oder Pflanzenfett wie Kokosöl in Bio-Qualität
etwas Pflanzenöl
Körner und Samen (Sonnenblumenkerne, Leinsamen, Hirse, gehackte Nüsse, Rosinen etc.)
kleine Gefäße wie Tontöpfe, alte Tassen oder Ausstechförmchen etc.

Das Fett vorsichtig in einem großen Topf erwärmen, um es zu verflüssigen, einen Schuss Pflanzenöl hinzugeben. Wenn das Fett flüssig ist, den Topf vom Herd nehmen und so viele Körner und Samen einrühren, bis eine zäh-breiige Mischung entsteht: Zu viele Körner machen die Masse eher brüchig und bröselig, mehr Fett hält die Masse besser zusammen.
Wenn die Masse abgekühlt, aber noch gut formbar ist, wird sie in die Gefäße und Förmchen gefüllt oder zu kleinen Knödeln geformt. Wer kleine Stöckchen in die Masse steckt, kann diese nach dem Erkalten entfernen und eine Schnur durchfädeln.
Die Gefäße und Knödel zum Aushärten kaltstellen. Bei sehr milden Temperaturen oder direkter Sonneneinstrahlung besteht die Gefahr, dass das Fett schmilzt. Daher das Vogelfutter eher an einem kühlen, schattigen Ort im Garten aufhängen.

Allerheiligen und Allerseelen

Heilung

Ich ertappe mich dabei, wie ich am Abend des 31. Oktober eine Schale mit Süßigkeiten vorbereite und an die Eingangstür stelle. Nur für den Fall der Fälle! Sollten wirklich ein paar Nachbarskinder an der Tür läuten, wäre ich vorbereitet auf „Süßes oder Saures". Noch vor einigen Jahren war mir Halloween und alles, was damit verbunden war, ein Graus: nicht Teil unserer Kultur, kein heimisches Brauchtum! Und doch werden wir es in unserem globalen Dorf nicht schaffen, uns von alldem abzugrenzen, was über Fernsehen, soziale Medien und Streaming in unsere Städte und Straßen gespült wird. Ich habe dem nachgegeben: Sich mit aller Macht gegen das Neue und Fremde zu stemmen, kostet allzu viel Energie. Ich lasse es zu, achte aber noch stärker darauf, das Althergebrachte und bei uns Beheimatete zu wahren. Nicht das Alte gegen das Neue auszutauschen, sondern das Überlieferte zu schützen und zu leben und das Neue zu integrieren.

Das Fest selbst – wie immer man es benennen möchte – ist uralt: Schon die Kelten feierten mit Samhain den Beginn des Winters, aber auch des neuen Jahres. Der Winter

markierte in ihrer Kultur nicht das Ende eines Zyklus, sondern dessen Beginn. So wie das neue, ungeborene Leben im Mutterleib bis zur Geburt wächst und gedeiht, schlummern auch die Samen in der Erde dem Frühlingsbeginn entgegen. Geschützt durch eine dicke Schicht Erde, können sie in Ruhe Kraft sammeln, um sich mit den ersten Sonnenstrahlen zu entfalten.
Ein schöner Gedanke, den man ins eigene Leben übernehmen kann: Erst rasten, Kraft tanken und dann in die Aktion gehen. Bei allem, was wir vorhaben, gilt es, vorab die Ressourcen zu bündeln. Ob eine Skitour oder eine anstrengende Prüfung vor uns liegt: Gut vorbereitet und ausgeschlafen lässt sich alles im Leben besser bewältigen.

An Allerheiligen, wie es in der katholischen Kirche gefeiert wird, versammeln sich Familien auf den Friedhöfen, um ihren Verstorbenen zu gedenken. Nach dem Kirchgang und der Gräbersegnung geht es nach Hause und man setzt sich an einen Tisch. In meiner Heimat gibt es das sogenannte Stuck – ein Milchbrot in Form eines Zopfes für die Mädchen oder in Form eines Hörndls für die Buben. Überbracht wird das Stuck, das in anderen Gegenden auch Seelenwecken genannt wird, von der Godn oder dem Göd, also der Taufpatin oder dem Taufpaten. Ein überlieferter Brauch, der immer mit einem Besuch und einem Treffen verbunden ist.

Ähnlich dem Leichenschmaus nach einer Beerdigung sind die Zusammenkünfte an Allerheiligen oft von großer Heiterkeit geprägt. Ich selbst erinnere mich daran, dass in meiner Kindheit die Kaffeerunden nach dem Friedhofsbesuch zu den schönsten Stunden des Jahres zählten. Alle meine Onkel waren anwesend und mit ihrer humorvollen Art, ihrer großen Statur, ihren tiefen

Stimmen und dem Lachen hatte ich das Gefühl, mein verstorbener Vater wäre wieder unter uns. Mit seinen älteren Brüdern in unserer Stube wurde er für kurze Zeit lebendig und spürbar. Ich fühlte mich als Kind getragen und von einer väterlichen Atmosphäre umhüllt, die ich seit seinem Tod schmerzlich vermisste.

Die Tore zur Anderswelt stehen an Allerheiligen weit offen, so heißt es. Halloween erinnert an diese Pforte zwischen den Welten, ebenso der mexikanische Tag der Toten oder der Totensonntag in der evangelischen Kirche. In vielen Kulturen glauben die Menschen daran, dass es Zeiten und Phasen gibt, an denen die Vorfahrinnen und Vorfahren näher sind als sonst.
Seit vielen Jahren achte ich rund um Allerheiligen sehr genau darauf, welche Verstorbenen sich mir zeigen möchten. Manchmal tauchen sie in Träumen auf, manchmal rufen sie sich durch einen Gegenstand in Erinnerung, der mir zu dieser Zeit unvermittelt in die Hände fällt, wie etwa die Mundharmonika meines Vaters, das bestickte Handtuch einer Großtante oder ein Feldpostbrief meines Großvaters aus dem Krieg, aus dem er nicht zurückkam. An Zufälle glaube ich in diesem Zusammenhang nicht. Manchmal ist ihre Anwesenheit sogar noch subtiler, etwa wenn ich mich am Bach bücke, um die Brunnenkresse zu pflücken. Für einen kurzen Moment ist es, als wäre es nicht meine Hand, sondern die meiner Großmutter, die ich vor Augen habe: Die Bewegung und die Umgebung im Wald sind mir vertraut und zugleich seltsam fremd.
Wer immer sich mir zeigt: Ich nehme es wahr und gehe in eine Art inneren Dialog. Denn irgendetwas sollte ich mir in diesem Zusammenhang wohl näher ansehen. Ich betrachte die Verstorbenen als Lehrmeisterinnen und Lehrmeister.

An Allerheiligen gedenken wir den Toten, erinnern uns an gemeinsame Zeiten. Sind traurig, aber auch dankbar. Beides liegt eng beieinander. Verluste hinterlassen Spuren und der Alltag bietet uns oft zu wenig Raum, um uns mit diesen Narben zu beschäftigen. Manchmal scheuen wir uns auch davor, uns mit der Trauer und dem Alleinsein auseinanderzusetzen.
Allerheiligen und auch Allerseelen laden dazu ein, sich Zeit zu nehmen, eine Kerze anzuzünden, Fotos anzuschauen, zu weinen und zu lachen. Am besten im Kreise von Menschen, die dieselben Erinnerungen teilen oder die den eigenen Verlust oder Schmerz verstehen und nachfühlen können. Denn auch darum ging es beim ursprünglich keltischen Fest Samhain: um die Stärkung der Gemeinschaft. Jeder trägt sein Päckchen. Jeder von uns wird vom Fluss des Lebens geschliffen wie ein Kieselstein. Wir alle haben schon so manchen Kratzer abbekommen. Ähnlich wie sich Glück verdoppelt, wenn man es teilt, wird die Trauer ertragbarer, wenn wir uns anderen mitteilen.

So wie Samhain bei den Kelten das Ende des Sommers und den Beginn eines neuen Jahres markierte, weist Allerheiligen auf die Zeit hin, die nun vor uns liegt: Auf den November folgen der Advent und die Weihnachtszeit. In den nächsten sieben Wochen wird es dunkler und dunkler, die Nächte werden lang und länger. Die Kraft der Sonne nimmt bis zur Wintersonnenwende kurz vor Weihnachten von Tag zu Tag ab. Auch wenn es zu Allerheiligen in den letzten Jahrzehnten immer wärmer wurde – am Alpennordrand herrscht nicht selten Föhn mit ungewöhnlich hohen Temperaturen – liegt oben auf den Bergen schon der erste Schnee. Es wird merklich kälter: Die Kerzen und das Gefühl des Miteinanders sind von nun an umso wichtiger.

„Flamme, steig hoch hinauf
zu den Sternen.
Ich lasse los, was mich
noch hier hält.“

Simone Theobald

Als ich vor 20 Jahren meine Ausbildung zur Luna Yoga-Lehrerin begann, tauchte ich in eine für mich bis dahin fremde Welt der Spiritualität, der weiblichen Kraft und Achtsamkeit ein. Gemeinsam feierten wir Jahreskreisfeste wie Samhain oder – wie wir es nannten – Hexenneujahr. Wir entfachten ein großes Feuer und übergaben den Flammen all jene Gedanken und Dinge, die wir nicht ins neue „Hexenjahr“ mitnehmen wollten. Diese kalten und doch so wärmenden Abende voller Lachen, Weinen und Singen waren wunderbar heilsam. Das Ritual habe ich beibehalten und es macht mir immer noch genauso viel Spaß wie beim allerersten Mal. Probieren Sie es aus!

Wurzelzeit

Heimat

„Zwei Dinge sollen Kinder von ihren Eltern bekommen“, sagte Johann Wolfgang von Goethe. „Wurzeln, wenn sie klein sind, und Flügel, wenn sie größer werden.“ Denn nur wer starke Wurzeln hat, kann kräftige Flügel ausbilden. Welch schönes Bild und hoffnungsfroher Gedanke!

Wurzeln verleihen nicht nur uns Menschen Flügel, sie bilden auch sprichwörtlich die Heimat einer Pflanze: Sie sind ihre Basis, ihr Kraftzentrum, die lebensnotwendige Verbindung zur Erde. Wurzeln nähren und machen stark, indem sie die Pflanze mit allem versorgen, was für Wachstum und Entwicklung essenziell ist. Sieben Jahre braucht es, bis eine Pflanze an einem neuen Standort angekommen, so richtig verwurzelt und beheimatet ist. Und möchte man etwa eine Rose an einen Standort pflanzen, an dem zuvor bereits andere Rosen wuchsen, wird ein großzügiger Erdaustausch empfohlen. Wurzeln können nur dort stark werden, wo sie sich unbelastet entfalten können und von fruchtbarem Humus umgeben sind.

Ich betrachte den Walnussbaum in unserem Garten. Wir haben ihn vor fast zwanzig Jahren gepflanzt. Inzwischen spendet er kühlen Schatten im Sommer und beschert uns eine reiche Ernte im Herbst. Walnüsse eignen sich wunderbar, um Vorräte anzulegen: Eichhörnchen holen sich die Nüsse, Raben picken sie auf der nahegelegenen Asphaltstraße auf. Den ganzen Winter über knabbern wir Walnüsse: Sie kommen ins Nikolaussackerl ebenso wie in die Weihnachtskekse. Sie sind ein echtes Kraftfutter für den Winter: Wer regelmäßig Nüsse isst – 60 Gramm pro Tag reichen aus – leistet einen wichtigen Beitrag zu einem ausgeglichenen Cholesterinspiegel. Und die Nüsse steigern das Leistungsvermögen unseres Gehirns.

Die Krone eines Baumes – so heißt es – ist immer in etwa so groß wie sein Wurzelballen: Die Wurzeln des Walnussbaumes müssen inzwischen weit gefächert und stark sein. Die Herbststürme zerren an den schwarzen, nassen Ästen. Diese leisten erbittert und erfolgreich Widerstand. Manchmal bricht ein kleiner Ast ab, was den Baum nicht zu erschüttern scheint: Er hat seine neue Heimat gefunden und ich beneide ihn dafür. Ich tu mich schwerer damit, Wurzeln zu schlagen. Heimweh ist mein lebenslanger Begleiter: nach vergangenen Orten, aber auch nach vergangenen Zeiten. Es ist eine unerklärliche Sehnsucht nach etwas, das ich nie hatte und das nur in meiner eigenen Fantasie existiert. Eine Freundin bezeichnete mich einmal als „Pflanze mit Luftwurzeln". Und ich frage mich: Was können wir tun, um als Erwachsene und spät im Leben unsere Wurzeln zu stärken? Und wie können wir früh erlebten Mangel ausgleichen oder können wir ihn nur betrauern?

Die Natur ist eine wunderbare Lehrmeisterin in Fragen wie diesen: Die Pflanzen lehren uns Genügsamkeit, aber auch Widerständigkeit. Unser Quittenbaum etwa leidet unter seinem schattigen, feuchten Standort, aber er tut, was er kann und gibt dabei sein Bestes: Die trockenen Sommer und die warmen, sonnigen Herbste der letzten Jahre sind dem Baum ebenfalls zuträglich. Die Früchte werden von Jahr zu Jahr größer, haben weniger Makel.

Die Quitte galt in der griechischen Mythologie als Frucht der Liebe, des Glücks und der Beständigkeit. Ihre Früchte gehören mit denen der Mispel zu den letzten, die im Garten geerntet werden. Spätestens wenn ihre Schalen den samtigen Flaum verloren und sich in eine glatte Oberfläche verwandelt haben, können die Quitten geerntet und zu süßem Saft oder Gelee verarbeitet werden.
Während ich mit einem scharfen Messer die harten Früchte vorsichtig teile und in Stücke schneide, denke ich: Natürlich, es ist die Liebe! Es ist die Liebe der Eltern, die uns Wurzeln und später Flügel verleihen soll. Es ist aber auch die Liebe zu uns selbst, die frühe Mängel ein wenig ausgleichen kann.
Die Botschaft der Quitte ist eindeutig. Sie lautet: Liebe dich selbst! Nähre deine Wurzeln mit Selbstliebe – Tag für Tag. Tue dir Gutes! Ernähre dich gut! Schlafe ausreichend! Verwöhne dich! Stärke und bestärke dich! Stärke deine Wurzeln täglich – liebevoll und wohlwollend!

Und je stärker du auf dich achtgibst, umso höher wirst du dich in die Lüfte schwingen können. Und ist es nicht ganz so hoch, dann liebe auch diese geringere Flughöhe. Nicht

alle von uns schwingen sich in luftige Höhen, aber auch das ist in Ordnung. So wie die Quitte sich mit dem schattigen Standort versöhnt hat, können auch wir uns ein wenig versöhnen: mit dem, was war und dem, was ist.
Hauptsache, wir geben uns eine Heimat und tun es aus Liebe zu uns selbst.

Zutaten
2 kg Quitten
(ergeben ca. 1 l Saft)
73 ml Quitten-Essig
500 g Gelierzucker 1:2

Christianes Quitten-Gelee

Zubereitung

Die Quitten gründlich waschen. Mit einer Bürste oder einem Kratzschwamm den Flaum entfernen. Die Quitten vierteln, Blüten, Stiele und Kerngehäuse entfernen und den Rest in ca. 3 mm breite Scheiben schneiden. Anschließend die Quitten mit 1 1/2 Litern Wasser bedecken, auf den Herd stellen und so lange bei mittlerer Hitze kochen, bis sie weich sind.
Auf einen großen Topf ein ausreichend großes Sieb geben und mit einem feuchten Passiertuch auskleiden. Die weichen Quitten samt Kochflüssigkeit hineingeben und durchlaufen lassen. Das Passiertuch nicht ausdrücken, sonst wird das Gelee später trüb.
Den Quittensud leicht abkühlen lassen. 1 Liter Flüssigkeit entnehmen und diesen in einen Topf geben. 500 g Gelierzucker und Quitten-Essig zugeben und unter Rühren zum Kochen bringen. Es sollte ca. 3 bis 4 Minuten kräftig sprudelnd kochen, dabei immer weiter rühren. (Achtung, Verbrennungsgefahr durch Wasserdampf!) Sollte sich weißer Schaum auf der Oberfläche bilden, diesen mit einer Schaumkelle abschöpfen.
Unbedingt eine Gelierprobe machen. Dazu mit einem Löffel etwas Gelee entnehmen, auf einen kalten Porzellanteller geben, 30 Sekunden warten: Wird das Gelee fest, kann es abgefüllt werden.
Den Topf vom Herd nehmen und das heiße Gelee in saubere, sterile Gläser randvoll füllen, mit dem Deckel verschließen und für 15 Minuten auf den Kopf stellen. Anschließend die Gläser umdrehen und vollständig erkalten lassen.

Kühl und dunkel lagern, dann hält sich das Ganze für rund ein Jahr. Das Gelee schmeckt köstlich auf Walnussbrot etwa als süßes Frühstück, zu Waffeln oder zu ausgewählten Käsesorten.

Wurzelgraben

Die Wurzeln bilden die Heimat einer Pflanze. Sie sind wie das Elternhaus, aus dem die Generationen hervorkommen und in die Welt hinausgehen. Der Herbst – idealerweise rund um den Vollmond – ist die beste Zeit zum Wurzelgraben. Je kürzer die Tage werden und je näher der Winter rückt, umso wertvoller wird das Speicherorgan der Pflanze. Alle Kräfte bündeln sich dann in den Wurzeln, die voller Eiweiß, Kohlenhydrate und Fett stecken, von denen die Pflanze während der kargen Wintermonate zehrt. Diese Inhaltsstoffe können sich auch Menschen zunutze machen. Während viele Wurzeln wie Radieschen, Karotten, Sellerie, Pastinaken, Rote Beete oder Meerrettich regelmäßig zubereitet und ganz selbstverständlich verzehrt werden, finden andere Wurzeln kaum noch ihren Weg in die Küche.

Wer Wurzelgraben möchte, muss die Pflanzen wie etwa die Schinkenwurz (Nachtkerze) kennen und bestimmen können. In früheren Zeiten wurde zum Wurzelgraben traditionell ein „Krickerl“ von Rehböcken verwendet, als Erinnerung und aus Demut vor den Wildtieren. Lassen Sie beim Wurzelgraben unbedingt Achtsamkeit und Respekt gegenüber der Natur walten.

Heiliger Martin

Mitgefühl

Das Café Johann am Salzburger Hauptbahnhof an einem 11. November: Es ist ein viel zu warmer Föhntag, unangenehm und unangemessen. Die Menschen kommen und gehen in Heerscharen, flotten Schrittes, ihre dicken Mäntel ausgezogen und über den Arm geworfen. Sie alle verfolgen ein Ziel, sind auf Reisen, im Aufbruch. Ob hier jemand daran denkt, dass der heutige Tag dem heiligen Martin gewidmet ist? Dem großherzigen Mann aus Tours, der der erste Heilige war, dessen Heiligsprechung nicht durch einen Märtyrertod, sondern durch sein Leben und Wirken begründet wurde. Weil er, so will es die Legende, als junger Soldat seinen Mantel mit einem Obdachlosen teilte und ihm Gott daraufhin im Traum erschien. Martin ließ sich taufen, wurde Priester und sollte viele Jahrzehnte später zum Bischof geweiht werden. Weil er sich des Amtes für unwürdig hielt, floh er in einen Gänsestall, in dem er lauthals vom Federvieh verraten wurde. Auch das eine Legende, aber eine liebenswerte, die sich gut mit dem beliebten Martinigansl verbinden lässt.
Heute Abend werden vielerorts Kinder mit ihren selbst gebastelten und bemalten Laternen durch die Straßen ziehen

und „Ich geh' mit meiner Laterne" singen. Sie gedenken dem bescheidenen und großzügigen Mann, der uns allen ein Vorbild sein sollte.

An diese Geschichte denke ich, während ich auf Florina und Ion warte. Ich treffe mich mit dem rumänischen Ehepaar zu einem Interview: Sie sollen in der Straßenzeitung porträtiert werden, die sie selbst verkaufen. Eine Dolmetscherin hilft uns, die sprachlichen Barrieren zu überwinden und in der nächsten Stunde erfahre ich vieles. So etwa, dass das Reisen auch zu Ions und Florinas Leben gehört: Mehrmals im Jahr legen sie die 1.300 Kilometer lange Strecke zwischen dem rumänischen Dorf Țițești und der Mozartstadt Salzburg zurück. Mozart? Als Ion vor über zehn Jahren das erste Mal in die Stadt kam, hatte er noch nie zuvor von Mozart gehört. Ion hat keine Schule besucht, kann weder lesen noch schreiben. Auch wenn er das Geld hätte, könnte er sich hier am Bahnhof keinen Zug nach Hause raussuchen. Abgesehen davon reisen Florina und Ion nicht mit der Bahn. Sie fahren mit, wo und wann sich die Gelegenheit bietet. Und sie wirken auch nicht wie Reisende, eher wie Gestrandete. In einer Welt, die nicht die ihre ist, aber die sie gerne Heimat nennen würden. Was allerdings nicht möglich ist, denn als Menschen, die des Schreibens und Lesens nicht kundig sind, rutschen sie an den Rand der Gesellschaft, sind Außenseiterin und Außenseiter und nirgendwo erwünscht. Leistung zählt und nicht der Mensch.
Je länger unser Gespräch dauert, umso klarer wird mir: In diesem Leben scheinen Florina und Ion keinen Wunsch frei zu haben. Das Reisen haben sie sich keineswegs ausgesucht: Sie tun es aus nackter Angst davor, dort, wo sie eigentlich zuhause sind, zu verhungern.

Verstörend und dennoch immer wieder erheiternd, so gestaltet sich unser Gespräch. Mit meinen Fragen offenbare ich meine Herkunft, mein unbeschwertes Leben. Die zwei – beide Mitte Vierzig und damit ähnlich alt wie ich – lassen sich auf diese Leichtigkeit ein. So lacht Ion verschmitzt, als ich ihn auf sein Tattoo auf dem Handrücken anspreche. Auf die Frage, ob er es bereue, als Kind keine Schule besucht zu haben, wird er schlagartig ernst. Ich verstehe kein Rumänisch, kann aber das nachdrücklich ausgesprochene „foarte, foarte, foarte" deuten. Er bereut es sehr, sehr, sehr! Denn, so sagt er: „Ich gehe wie ein Blinder durchs Leben." Florina besuchte sieben Jahre die Schule. Arbeit fand sie wie Ion, den sie mit 19 Jahren heiratete, in dem ehemaligen Dacia-Werk unweit ihres Dorfes. Nach der Revolution wurden ungelernte Arbeitskräfte und Roma entlassen und Ion zog fortan als Tagelöhner von Bauernhof zu Bauernhof. Gegen Kost, Logis und ein wenig Geld half er auf dem Feld, im Wald und bei der Ernte. Während er wochenlang unterwegs war, blieb Florina bei den vier Kindern in dem kleinen Haus ihrer Schwiegereltern, in dem die ganze Familie in einem einzigen Zimmer lebt.

Ion und Florina gehören in Rumänien zu den Ärmsten der Armen. Dennoch beginnt Florinas Gesicht bei der Frage, wie es dort aussieht, zu strahlen und sie rät mir, dort einmal Urlaub zu machen. Auf die Frage, ob sie also lieber dort leben würden als zwischen Ţiţeşti und Salzburg zu pendeln, schüttelt Ion vehement den Kopf: Keinesfalls! In Rumänien würden sie verhungern, sie mögen die Stadt Salzburg und ihre schönen Parks.

Rumänien ist seit 2007 EU-Mitglied und eines der ärmsten Länder in der Gemeinschaft. Die Politik lässt ihre Bürgerinnen und Bürger im Stich: Die Korruption nimmt in gleichem Maße zu, wie die Einkommensschere auseinandertriftet. Florina und Ions einziger Besitz ist das kleine Häuschen mit einem einzigen Zimmer. Diesem fehlt nach einem Brand das Dach und anstatt in Betten schlafen sie bei ihren kurzen Heimataufenthalten auf Holzpritschen.

Nach einer Stunde Gespräch wirkt Florina angeschlagen. Sie sitzt eingesunken auf der Bank, das Glas Fanta, das sie aufgrund ihrer Diabetes-Erkrankung eigentlich nicht hätte trinken sollen, ist leer. Sie reibt sich mit der Handfläche das Gesicht. Ihre schönen blauen Augen sind rot vor Müdigkeit. Florina ist drei Jahre jünger als ich, vierfache Mutter und zweifache Großmutter. Ion nickt ihr aufmunternd zu. Ich frage sie, wo sie heute schlafen werden. Man wünscht den Zweien ein warmes Abendessen, eine warme Dusche und ein warmes Bett. Nichts von dem wird eintreffen: Nach vier Tagen in der Notschlafstelle müssen sie sich noch heute ein neues Quartier für die Nacht suchen. Eine feuchte, harte Bank wird es werden, in einem der schönen Salzburger Parks. Die letzten Tage waren warm, doch der Wetterbericht verheißt nichts Gutes. Dennoch wird Florina am nächsten Morgen wieder in der Alpenstraße stehen, um die Straßenzeitung zu verkaufen. Und Ion wird seinen Stammplatz in der Linzer Gasse beziehen. An Weihnachten wollen die beiden nach Hause fahren. Schnee fällt auch in Ţiţeşti. Vielleicht sogar schon zu Weihnachten. Vielleicht schlachten sie ein Schwein. Eine ganz besondere Tradition und ein kaum leistbarer Luxus für die Familie. Dazu gibt es Krautwickler. Die Aussicht beruhigt mich ein bisschen. Vielleicht gibt es bis dahin auch ein neues Dach auf dem Haus.

Bevor wir uns verabschieden, holt Florina das Päckchen mit ihren Diabetes-Tabletten aus der Tasche. Unentschlossen hält sie es in der Hand, steckt es dann wieder ein. Als ich sie fragend anschaue, erklärt sie mir, dass sie nicht die verschriebene Tagesdosis nimmt. Sie spart lieber mit den Tabletten – so kommt sie mit der Packung länger aus. Zum Abschied drücke ich ihr die Hand und hoffe inniglich, dass diese gefährliche Rechnung aufgeht.

Nach dem Gespräch packe ich meine Sachen und mache mich auf den Weg nach Hause. Den vereinbarten Abendtermin sage ich ab. Es ist lange her, dass mich ein Gespräch so tief berührt hat. Ich denke darüber nach, wie ungerecht diese Welt ist und welche Rolle jeder einzelne von uns darin spielt. Wie oft gehen wir an Menschen vorüber, die buchstäblich am Boden liegen oder auf der Straße sitzen und uns ihre Hand entgegenstrecken? Wie oft ignorieren wir sie und warum? Aus Zeitmangel, aus Ignoranz oder einfach aus Gleichgültigkeit? Wie können wir dafür sorgen, dass wir alle gut über den Winter kommen? Indem wir ein bisschen näher zusammenrücken, einander in die Augen sehen und uns zuhören. Und indem wir – wie der heilige Martin von Tours – ab und zu unseren Mantel teilen. Nicht nur einmal im Jahr oder an Weihnachten, sondern immer dann, wenn es vonnöten ist.

Fasten und spinnen

Der 11. November, der Martinstag, markierte zu früheren Zeiten im bäuerlichen Jahr das Ende einer Wirtschaftsperiode und war ein sogenannter Bauernfeiertag. Löhne, Steuern und Zinsen wurden eingehoben und Tiere geschlachtet, um sie nicht den Winter über füttern zu müssen. Nicht selten waren es die Gänse, die entweder als Naturalien an den Lehensherrn ausbezahlt oder für die Familie als festlicher Braten zubereitet wurden. Es war die letzte große Schlemmerei vor der Philippus-Fastenzeit. Das 40-tägige Weihnachtsfasten begann traditionell nach Martini und diente der Vorbereitung auf das bevorstehende Fest. Diese doch recht lange Fastenzeit wurde in der Westkirche bald auf vier Wochen verkürzt. Von nun an hieß es „Kathrein stellt den Tanz ein" und damit war es ab 25. November, dem Namenstag der heiligen Katharina, endgültig vorbei mit den herbstlichen Hochzeiten, Bällen und Vergnügungen.
In vielen Häusern wurde rund um den 11. November die Spinnstubenzeit eröffnet: In diesen Stuben wurden winterliche Handarbeiten verrichtet, für die im Sommer keine Zeit blieb. Diese Tradition könnte eine schöne Inspiration sein. Gibt es etwas, mit dem Sie sich an den bevorstehenden, langen Winterabenden beschäftigen möchten? Vielleicht mit einer besonderen Fertigkeit, mit dem Lernen einer Sprache oder einem ehrenamtlichen Engagement? Eröffnen Sie sinnbildlich Ihre eigene Spinnstube!

Heilige Cäcilia

Inspiration

Das Licht wird von Tag zu Tag weniger. Das Jahr scheint erschöpft und genauso fühlt es sich auch an. Dunkelheit rahmt den Tag ein, Nässe und Kälte herrschen am Morgen ebenso wie am Abend. Schon am Nachmittag schalte ich das Licht am Schreibtisch an. Mit jeder Stunde, die vergeht, denke ich, ich sollte nach draußen gehen, bis es wieder zu spät ist. Die Zeiten, in denen ich mit Stirnlampe durch die Dunkelheit gejoggt bin, sind vorbei. Ich liebe das Tageslicht, die Nacht ist nicht meine beste Freundin. Auch das war einmal anders: Es waren die Freitag- und Samstagabende, für die wir lebten. An denen sich das Leben uns in die Arme warf und wir uns in seine: tanzend, singend und die Hüften schwingend. Die Jahreszeit war genauso nebensächlich wie das Wetter.

Niemals scheint Musik wichtiger als in den Jahren des Heranwachsens. In der Musik fühlen wir uns verstanden, wenn alles um uns herum brüchig wird, wankt und schwankt. Der November ist für mich ein Monat des Wankens und Schwankens: Das Wetter erinnert mich an den April – auf Föhntage folgen Schneestürme, auf Regen

Nebel. Die Unstetigkeit des Wetters schlägt sich auf den Körper nieder: Rauszugehen, sich mit der Natur zu verbinden, ist das beste Mittel. Sich nicht gegen den Sturm stemmen, sondern sich ihm hingeben!
„November Rain“ von Guns n' Roses kommt mir in den Sinn und die Textzeile: „So never mind the darkness, we still can find a way. Cause nothin' lasts forever, even cold November rain.“ Als Teenager liebte ich dieses Lied, seine Melancholie und auch den Hoffnungsschimmer, der in ihm enthalten ist. Auch die kälteste Zeit geht einmal zu Ende.

Je kürzer die Tage und je länger die Nächte werden, umso wichtiger wird die Musik. Sie vermag wie kaum eine andere Kunstform Stimmungen widerzuspiegeln und sie zu verändern. Was wäre Weihnachten ohne „Stille Nacht! Heilige Nacht!“, ohne Mozartmesse, ohne Johann Sebastian Bachs Weihnachtsoratorium, ohne Bing Crosbys und Ella Fitzgeralds jazzige Christmas Songs oder die Klänge der Weisenbläser? Mit dem Gedenktag der heiligen Cäcilia am 22. November rückt der Advent näher: „Wir sagen euch an den lieben Advent“ werden die Kinder bald singen. Die Erwachsenen brummen ein klein wenig mit. Singen ist ein Relikt unserer Kindheit, die wenigsten von uns tun es noch im Alter. Dabei tut Singen nachweislich der Seele gut: Es entspannt, baut Stresshormone ab, sogar Herz-Rhythmus-Störungen sollen sich durch regelmäßiges Singen verbessern. Singen statt Joggen? Eine vernünftige Alternative, wenn ich es wieder einmal nicht bei Tageslicht nach draußen geschafft habe.

Die heilige Cäcilia lebte um das Jahr 200 in Rom. Sie gilt in unseren Breitengraden als Schutzpatronin aller, die Instrumente bauen oder spielen, selbst singen oder musizieren.

Rund um ihren Sterbetag am 22. November finden in vielen Orten Cäcilia-Konzerte und -Feste statt. Auch ein Riesenhit aus den 1970er-Jahren erinnert an die Heilige. Paul Simons und Art Garfunkels Lied „Celia" heißt nicht zufällig so: Es handelt von einer Frau, die ihrem Liebhaber das Herz bricht, ihm das Selbstbewusstsein raubt und ihn dazu bringt, sie auf Knien anzubetteln, wieder nach Hause zu kommen.

Es ist noch dunkel in der Küche, als das Lied aus dem Lautsprecher erklingt. Ich stelle ihn lauter, tanze durch die morgendlich dämmrige Küche und singe laut mit: „Celia, you're breaking my heart, you're shaking my confidence daily." Der Hit „Celia" schrieb nicht nur Musikgeschichte, er verleiht auch einem besonderen Gefühl Ausdruck, das ich gut nachempfinden kann: dem berauschenden Gefühl, wenn sich die Inspiration einstellt – ja, sprichwörtlich zu einem ins Bett legt – und dem niederschmetternden Erwachen, wenn sie im nächsten Augenblick verschwunden ist. Celia ist eine launische Liebhaberin, die ebenso viel Euphorie verspricht wie quälendes Verlangen und Sehnsucht. Celia ist Muse. Sie ist Eingebung. Sie ist Genius und Inspiration. Nicht nur Künstlerinnen und Künstler wissen von den Launen der Eingebung und der Inspiration – wir alle kennen sie: Da gab es eine wundervolle Idee in unserem Kopf, doch kaum wollen wir an die Umsetzung schreiten, entzieht sie sich wie ein Fisch im Wasser. Wir greifen nach ihr und sie entwischt. Wir wollen sie einfangen, laufen ihr hinterher und – hast du nicht gesehen – ist sie schon wieder weg.

Ein junger Mann erzählte mir davon, dass er eine bemerkenswerte Idee für seine Bachelor-Arbeit habe, aber kaum setze er sich an den Tisch, um zu schreiben, fehlen ihm die Worte. Alles, was er zu Papier bringt, ist nur noch ein hohler Abdruck seiner ursprünglichen Gedanken. Ich weiß nur zu gut, wovon er spricht. Daher halte ich mich gerne an die Erkenntnisse der Lernpsychologie: Unser Gehirn liebt Bewegung. Beim Gehen, Bügeln und Tanzen scheinen die Ideen nur so zu sprudeln. Das Handy ist der perfekte Assistent: Ich aktiviere die Aufnahmefunktion und spreche genau in diesen Momenten aus, was ich denke. Die Ratio, die Vernunft, ist abgeschaltet. Es spricht das reine Gefühl. Die Inspiration bahnt sich ihren Weg.

Der Begriff „Inspiration“ leitet sich aus dem lateinischen Wort „inspiratio“ ab, was mit einhauchen, einatmen oder eingeben übersetzt werden kann. Inspiration ist ein göttlicher Hauch: Sich diesem im richtigen Moment zu öffnen, ist eine Kunst. Manchmal klappt es, manchmal auch nicht. Atmen, Tanzen und Singen sind wunderbare Vehikel, um sich der Inspiration hinzugeben. Die Muse einzuladen, Cäcilia ins Haus zu bitten. Das Klavier zu öffnen, die alten Noten hervorzukramen.

Wie wäre es, in diesem Jahr wieder einmal selbst Musik zu machen, anstatt sie zu streamen? Das verstimmte Musikinstrument vom Dachboden zu holen und jeden Abend oder schon am Morgen ein paar Takte zu spielen oder die eigene Stimme zu erheben.
Ja, warum nicht! Und wenn es falsch klingt?
„Never mind.“

Die Muse Ihres Winters

Notieren Sie sich, für welches Vorhaben
Sie Cäcilia gerne einladen würden.

Oder anders gesagt: Wofür wünschen Sie sich mehr Muße?

Welches Vorhaben möchten Sie diesen Winter
gerne umsetzen?

Wofür wünschen Sie sich Inspiration?

Wer könnte Ihre Muse sein?

Und was möchte den Winter über geboren werden?

2

Advent

Erwartung

„Die Welt ist voller Wunder."

Martin Luther (1483–1546)

Der Winter überraschte uns über Nacht,
kam reingeschneit ins Land und
hat seinen großen, weißen Mantel
über die Städte, Berge und Wälder ausgebreitet.

Mit ihm deckt er zu, was nun ruhen möchte
und offenbart dabei seine eigene Schönheit.
Sein Bleiben ist nicht von Dauer.
Doch seine Verführungskunst vollkommen.

Erster Schnee

Glück

„Schau, es schneit!“ Es ist nur ein Satz, aber dieser Satz vermag vielen von uns im Nu ein Strahlen und Lächeln ins Gesicht zu zaubern. „Schau, es schneit!“ Dieser Satz ist ein Glücksversprechen am frühen Morgen, wenn wir noch halb im Traum die Vorhänge aufziehen und einen Blick nach draußen werfen. Über Nacht hat sich der erste Schnee über die Straßen und Gassen, die Sträucher und Bäume gelegt: Weich wie Eiderdaunen und fein wie Staubzucker. Und die Pfotenabdrücke im Schnee verraten, dass ein kleiner Mitbewohner schon nach draußen getapst ist, um das wunderliche Weiß aus der Nähe zu beschnuppern.

Natürlich könnte man nun an das Auto denken, das man erst freikehren muss. Und ja, auch der Straßenverkehr wird heute mühsamer sein als sonst. Aber „Schau, es schneit!“ ist doch auch ein Zauberspruch, der uns wieder Kind werden lässt. Ein Spruch mit magischer Wirkung, der uns seltsame Dinge tun lässt. Kleine Kinder klettern auf Fensterbänke und pressen ihre Nasen an die Glasscheibe, Paare fassen sich an den Händen. Ich selbst ertappe mich dabei, wie ich den Kopf in den Nacken lege und minutenlang in den

grau-weißen Himmel starre: Dicke Flocken fallen lautlos und unaufhörlich aus dem Nirgendwo herab.
„Schau, es schneit!" Und es ist ein einziges Staunen.

Ich erinnere mich an diese besonderen Tage in meiner Kindheit: Es war Advent, der erste Schnee kam über Nacht und die Vorfreude auf die Weihnachtsferien war groß. Am Nachmittag versammelten sich alle Kinder aus der Nachbarschaft zum Schlittenfahren. Die Mütter standen in ihren Wintermänteln daneben, tauschten Keksrezepte aus und wohl auch so manches Gerücht. Uns wurden die Tage zu kurz, die Dämmerung überraschte uns ein ums andere Mal und erst in der blauen Stunde schlurften wir mit müden Beinen und glücklichen Herzen nach Hause.

Die Sehnsucht nach kindlicher Leichtigkeit hat sich in meinem Innersten mit der Sehnsucht nach der weißen

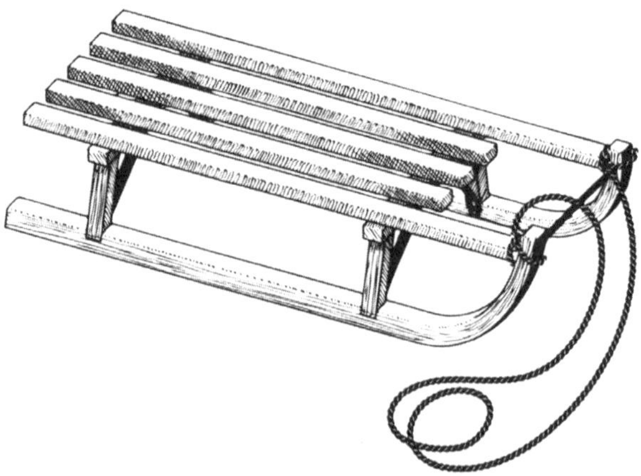

Pracht verwoben. Und auch die Sehnsucht nach Ruhe – jetzt, wo das Jahr alt ist und zu Ende gebracht werden will. Der Schnee schluckt Geräusche und Lärm, er ist rein und sauber: eine verschneite Landschaft wirkt friedvoll, wie in Watte gepackt. Schnee deckt alle menschlichen Spuren zu, lässt Wege verschwinden und eröffnet damit neue Spielräume: Wer auf einer gut tragenden Schneedecke unterwegs ist, braucht keinen ausgetretenen Pfad. Der Schnee verwandelt die Landschaft und uns gleich mit – sofern wir diese Verwandlung zulassen.

Denn er tut uns gut, beruhigt und entschleunigt. Käme er nur pünktlich zu Weihnachten, dann ginge auch diese Sehnsucht in Erfüllung. Denn keine andere Wetterfrage treibt uns Menschen mehr um als jene nach weißen Weihnachten. Schon Wochen vor Weihnachten sehne ich einen Schneesturm herbei. Einen Sturm, der das Leben und den Alltag für ein paar Tage völlig lahmlegt: Niemand kann mehr in die Arbeit, niemand mehr in die Schule. Wir bleiben alle zuhause, vergessen das Home-Office und stehen einfach nur am Fenster und genießen dieses Geschenk des Himmels.

Der erste Schnee des Jahres birgt ein wundersames Glück. Beobachtet man kleine Kinder dabei, wenn sie zum ersten Mal den Schnee erblicken, scheint es, als könnten sie ihren Augen nicht trauen. Ähnlich ergeht es vielen Tieren, sogar die älteren unter ihnen entdecken im Schnee ihren Spieltrieb neu, schlagen Purzelbäume und wälzen sich in diesem weißen, seltsamen Wunder. Obwohl Schnee nur ein schnödes Wetterphänomen ist, ist er zugleich pure Poesie. Dabei kommt er nicht völlig überraschend. Schon einige Tage zuvor kündigt er sich bei mir mit kleinen Zipperlein an: Die Narbe am rechten Zeigefinger schmerzt, ebenso der gebrochene Knochen. Der Winter schickt mir seine kleinen, lästigen Vorboten und dennoch lasse ich mir meine Vorfreude nicht nehmen. Ganz im Gegenteil: Am Morgen öffne ich das Fenster, atme tief ein und blicke in den stahlgrauen Himmel. Dann erkläre ich mir und den Vögeln im Garten: „Es riecht nach Schnee. Nehmt euch in Acht: Morgen ist er da." Auch wenn mir alle Wetterexpertinnen und Wetterexperten bislang versicherten, man könne Schnee nicht riechen, bleibe ich skeptisch. Irgendetwas liegt in der Luft und ich nehme Witterung auf. Dass man den Schnee, so wie auch andere Wetterumschwünge körperlich spürt, können hingegen Physiotherapeutinnen und Physiotherapeuten erklären: Veränderter Luftdruck und kalte Temperaturen wirken sich auf unsere Faszien aus, die dann wiederum an Muskelansätzen und Sehnen ziehen und so manchen Sturz, Unfall oder eine Operation in Erinnerung rufen.

Der Schnee ist auch ein Gradmesser des fortschreitenden Klimawandels. In den letzten 120 Jahren nahm der Schnee um rund 20 Prozent ab – mit dem größten Knick nach unten in den 1980er-Jahren. Dort, wo in meiner Kindheit noch kleine, familiäre Skigebiete waren, erinnern heute nur noch verwaiste Liftstützen an schneereichere Zeiten. Das Gefühl, früher hätten wir jedes Jahr weiße Weihnachten gehabt, ist allerdings auch ein Irrtum. In den letzten 80 Jahren lag die Wahrscheinlichkeit für weiße Weihnachten in der Stadt Salzburg bei 44 Prozent, in den letzten 20 Jahren nur noch bei 33 Prozent. Auch ältere Menschen erinnern sich an grüne Weihnachten und an schneearme Winter. Fest steht aber: Der Schnee wird sukzessive weniger und keinesfalls mehr! Und das scheint gerade die

Menschen meiner Generation mit Wehmut zu erfüllen. Immer wieder höre ich: „Schreib doch einmal eine Geschichte über die Winter unserer Kindheit. Was wir alles erlebt haben! Jeden Nachmittag sind wir im Dezember nach den Hausübungen raus zum Schlittenfahren, wir haben Sprungschanzen gebaut und Iglus gegraben."
Kann man nur eine Sehnsucht nach etwas entwickeln, das man kennt? Werden die Kinder, die heute aufwachsen, jemals den Wunsch nach weißen Weihnachten hegen? Sind wir die letzten unserer Art? Immer ein wenig traurig, wenn sich der ersehnte Schneesturm doch nicht ankündigt oder der Föhneinbruch vor Weihnachten den Garten wieder vom Schnee befreit. Und dieser statt einer reinweißen Weste einen schmutzig-grauen Mantel trägt. Immer ein wenig wehmütig, weil der Schnee von Jahr zu Jahr weniger wird und uns damit auch ein Spiegel des eigenen Älterwerdens und Vergehens vorgehalten wird.

Als Kinder haben wir mit dem ersten Schnee intuitiv gespürt: Es gilt, jede freie Minute zu nutzen! Schnee ist Freude und Ausgelassenheit, ist Spiel und Spaß, ist Fülle und Heiterkeit. Er ist ein Geschenk des Himmels. Und damit auch eine Metapher für das Leben. Wir bekommen es geschenkt, sein Ende jedoch ist immer schon mitgedacht. Dazwischen ist das, was wir daraus machen.
Schnee ist pures Glück, das dem Schicksal des Schmelzens ausgeliefert ist. Doch bis dahin gilt es, das Glück festzuhalten. Denn: „Schau, es schneit!"

Adventkranz

Achtsamkeit

Es ist später Nachmittag und ich habe einen dringenden Anruf zu erledigen. Am besten noch heute, am besten jetzt. Ich blicke auf die Uhr: Es ist kurz nach vier! Das könnte sich ausgehen, denke ich und suche nach der Telefonnummer. Meine Gesprächspartnerin, von der ich unbedingt noch eine wichtige Information für einen Artikel benötige, ist eine Pinzgauer Bäuerin. Sie wird sich in einer guten halben Stunde umziehen, um zu ihren Kühen in den Stall zu gehen. Ich muss mich beeilen, um sie noch rechtzeitig zu erwischen. Draußen klingt der Tag schon aus, das letzte Licht verschwindet hinter den Bergen. Ich knipse die Schreibtischlampe an und wähle ihre Nummer.
Es hat kaum geläutet am Festnetz in ihrer Küche, da meldet sie sich mit ihrer ruhigen Stimme und dem unverkennbaren Dialekt. Wir haben uns längere Zeit nicht gehört, aber sie weiß, wer ich bin. So muss ich mich nicht lange vorstellen, erkläre ihr nach einem kurzen „Grüß dich“, worum es geht und was ich von ihr brauche. Anstatt mir meine Frage zu beantworten, sagt sie nur: „Und, wie geht es dir?“
Es ist, als hätte sie mit dieser Frage, die so unscheinbar daherkommt, eine Pause-Taste gedrückt: in meinem

Tagesablauf, in unserem gemeinsamen Gespräch. Bewusst oder unbewusst: Der Effekt ist der gleiche. Ich halte den Atem an, atme aus. Merke erst in diesem Moment, was ich getan habe und wie unachtsam ich war. In meiner Hektik und dem Bestreben, meine Arbeit zu erledigen und sie nicht zu sehr in Anspruch zu nehmen, habe ich mir keine Zeit genommen: weder für sie noch für mich noch für uns. Ihre freundliche Nachfrage signalisiert mir: Wenn du mich anrufst, nehme ich mir Zeit. Darin wird eine Größe spürbar, die mir einen Spiegel vorhält. Natürlich gehe ich auf ihre Frage ein, einfach weil sie nicht aus rhetorischer Höflichkeit, sondern aus echtem Interesse gestellt wurde. Ich erzähle ihr von dem, was mich beschäftigt, was mir gerade schwerfällt. Und sie antwortet darauf: „Weißt du, was du jetzt in deinem Leben erledigst, wird dir, wenn dir das Thema das nächste Mal begegnet, viel leichter fallen. Denn dann hast du schon einen großen Teil davon aufgearbeitet." Zum zweiten Mal halte ich bei diesem Telefonat inne. Das Gespräch entwickelt sich zu einer Lehrstunde von größter Weisheit. Was sie angesprochen hat, beschäftigt mich seit Längerem: Die Wahrnehmung unseres Lebens als Zyklus. Der Verlauf von unserer Geburt bis zum Tod ist nicht linear, sondern zyklisch. Schon Rainer Maria Rilke verfasste ein Gedicht mit dem Titel „Ich lebe mein Leben in wachsenden Ringen".

So richtig verstanden habe ich diesen Denkansatz erst bei einer Reise nach Norwegen und dem Besuch eines Sami Museums in der Finnmark: Das indigene Volk des europäischen Nordens ist davon überzeugt, dass das Leben zirkulär verläuft. Dargestellt haben die Sami das in Form eines überdimensional großen Steinlabyrinths. Folgte man diesem von außen nach innen, kam man stets an Punkten vorbei, die man bereits passiert hatte. Man näherte sich ihnen an, war auf der Spirale jedoch schon einen Ring weiter. Das war es, was die Bäuerin gemeint hatte: Du wirst wieder einmal auf ein Thema stoßen, doch du wirst ein klein wenig weiter sein. Und wenn du es bearbeitet hast, wird es dich auch nicht mehr so sehr aus der Bahn werfen wie beim allerersten Mal.

Wir alle kennen Phasen in unserem Leben, in denen wir meinen: Da war ich doch schon einmal. Ja! Und nein! Manchmal erscheinen uns Situationen gleich, sie sind sich aber nur ähnlich: Längst sind wir in unserem Lebenslabyrinth einen Kreis weitergewandert, kommen dem Thema aber gerade wieder sehr nahe. Manchmal erscheint es uns, als wären unsere „Learnings" minimal: Vielleicht sind sie das wirklich. Aber seien wir nicht zu streng mit uns: Wir lernen mit jedem Schritt, mit jedem Telefonat.
Nachdem ich dieses – berührt und nachdenklich – beendet habe, beschließe ich auch den Arbeitstag für heute. Ich gehe in die Küche und betrachte die Utensilien für meinen Adventkranz. Ich bin keine Meisterin des Handwerks, aber ich habe mir vorgenommen, ihn heuer selbst zu binden. Mit Tannenzweigen aus dem Wald, die herrlich duften und das erste kleine vorweihnachtliche Gefühl ins Haus zaubern. Ich habe mich gegen modischen Firlefanz entschieden, werde ihn heuer ganz klassisch halten.
In vielen katholischen Kirchen entdeckt man Adventkränze, bei denen vor allem die Wahl der Kerzenfarbe auffällt. Vielerorts sind sie tiefrot, was an das Blut Christi erinnert, andernorts passt man sich bei der Wahl der Kerzen an die liturgischen Farben an. Das sind drei lilafarbene Kerzen und eine rosafarbene für den dritten Advent. Dieser Sonntag wird auch „Gaudate" genannt, was so viel wie „Freuet euch" bedeutet und an dem die Fastenzeit unterbrochen wird.

Dass der Adventkranz keineswegs katholischen Ursprungs ist, wissen die Geschichtsbücher: Der evangelische Theologe, Sozialreformer und Gründer der evangelischen Diakonie Johann Hinrich Wichern gestaltete 1839 den ersten Adventkranz in Hamburg und ließ ihn im „Rauhen Haus" aufhängen. In dieser frühen Sozialeinrichtung wurden vernachlässigte und gefährdete Kinder und Jugendliche betreut. Der erste Adventkranz bestand aus vier weißen Kerzen für die Adventwochenenden und 19 kleinen roten Kerzen für die Werktage: Sie sollten den Heranwachsenden das Warten auf das Weihnachtsfest verkürzen.
Das ist bis heute so geblieben. Das Entzünden der Kerze auf dem Adventkranz ist ein kleines, analoges Ritual in einer digitalen Welt. Es ähnelt ebenfalls dem Drücken einer Pause-Taste. Ich verwende am liebsten Zündhölzer anstatt eines Feuerzeugs: Allein der Geruch beim Entzünden versetzt mich in Weihnachtsstimmung.
Der Blick in die Flamme tut nachweislich unseren Augen gut. Und Feuer stellte immer auch den Mittelpunkt einer Gemeinschaft dar. Es war ein Ort, an dem man sich ver-sammelt und ge-sammelt hat: Wer ins Feuer blickt, wird ruhig. Es ist, als würde sich der Körper erinnern, dass er sich nun in Sicherheit befindet: geschützt, gewärmt und geborgen.

Der Adventkranz besitzt damit mächtige Symbolkraft: Er wird während der Vorweihnachtszeit zum Mittelpunkt des Tisches, schürt die Vorfreude auf Weihnachten und verkürzt zugleich das Warten auf das Fest. Seine Form – der in sich geschlossene Kreis – steht für die Vollkommenheit, für das Ganze. Es gibt keinen Anfang und kein Ende. Der Adventkranz ist nicht linear, genauso wenig wie unser Leben. Und er erinnert mich daran, dass es nicht immer um ein Zurück-blicken und um ein Nach-vorne-schauen geht. Im kreisförmigen Verlauf des Lebens wird das Neben-sich-Blicken umso spannender. Denn nur dabei erkennt man:

Wo stehe ich gerade?
Was bereitet mir Sorgen?
Was ist mein aktuelles Thema?
Welche Berührungspunkte erinnern mich an Vergangenes?

Ich nehme mir vor, bis Weihnachten das Entzünden der Kerzen am Adventkranz zu einem Ritual werden zu lassen. Mir Zeit zu nehmen, um in den Feuerschein der Kerzen zu blicken und um wahrzunehmen, welche Themen sich mir offenbaren.

Barbarazweige

Beharrlichkeit

Als Kind ging ich immer davon aus, dass der Advent genau vier Wochen lang sei. Vier Adventsonntage, vier Adventwochen: Einfache Rechnung, einfache Lösung. Ich war in Mathe ehrlicherweise nie die Beste. Der Advent dauert jedoch niemals vier volle Wochen! Fällt der 24. Dezember auf einen Sonntag, ist er sogar nur drei Wochen lang, frühestens beginnt er jedoch am 27. November, spätestens am 3. Dezember. Diese – für mich – relativ neue Zeitrechnung nimmt mir eine Last von den Schultern, denn sie macht mir klar: Es liegt nicht an mir, dass die Zeit zu schnell vergeht und mir die Tage im Advent ausgehen.

Immerhin ist der Anspruch hoch: Kekse, Stollen und Kletzenbrot backen, Geschenke aussuchen, diese dann kaufen und hübsch verpacken, die ein oder andere Einladung aussprechen, Freunde und Nachbarinnen besuchen. Auf den Christkindlmarkt gehen und das Haus ansprechend dekorieren. All diese zusätzlichen Aufgaben sollen noch neben den alltäglich anstehenden Erledigungen gemeistert werden: neben Familie, Arbeit, Ehrenamt. Sieht man sich diese Rechnung genauer an, wird auf den ersten Blick klar,

dass sie nicht aufgehen kann, dass angesichts dieser Liste eine stille Zeit nicht möglich ist. Vielleicht ist das ein Grund dafür, warum die Vorweihnachtszeit mittlerweile weit vor dem Advent, in den Supermärkten sogar schon im Oktober, beginnt. Der deutsche Volkskundler Konrad Köstlin schreibt: „Es ist ein neuer, säkularisierter Advent, der da in unseren Jahreslauf eingebaut ist, und dieser Advent dauert ein ganzes Quartal. Der alte Advent, an dessen Beginn der erst im 20. Jahrhundert übliche Adventkranz aufgehängt wird, mutet demgegenüber bescheiden an."
Ich meine, eine Anklage aus diesen Zeilen herauszuhören und ich klage mit. Ich will genau diesen bescheidenen Advent, der hier angesprochen wird: einen Advent, der mit dem Aufstellen des Adventkranzes beginnt und keinen Tag früher. Ich möchte einen Advent, der von Ruhe anstatt von Hast und Hektik geprägt ist. Einen Advent, in dem ich diese besondere Zeit noch spüren kann, anstatt von einem Termin zum anderen zu hetzen.

Die Lösung kann also nur darin bestehen, dass ich verzichte und sehr genau auswähle, was ich im Advent machen möchte und was nicht. Christkindlmarktbesuch? Maximal einer! Kekse backen? Es gibt Bäckereien mit einem himmlischen Sortiment! Neue Billig-Christbaumkugeln im Möbelhaus kaufen? Keinesfalls! Das Haus von oben bis unten putzen? Mal sehen!
Worauf aber möchte ich keinesfalls verzichten? An zumindest einem Adventsonntag die Messe im Salzburger Dom besuchen. Bei der Confiserie Holzermayer am Alten Markt ganz in Ruhe den herrlich nostalgischen Christbaumschmuck aus Schokolade aussuchen. Einen Krampuslauf besuchen und auf die Schranne gehen, um auf Österreichs größtem Bauernmarkt am Salzburger Mirabellplatz für

die Feiertage einzukaufen. Einen Skitag vor Weihnachten genießen und ein Weihnachtskonzert besuchen. Und ich möchte pünktlich zum 4. Dezember Barbarazweige pflücken. Denn sie machen deutlich, dass – auch wenn der moderne Mensch es sich anders wünscht – die Natur die Regeln vorgibt und diese besagen: Alles braucht seine Zeit! Barbarazweige werden nicht in ein oder zwei Tagen erblühen, nur weil es schön aussehen würde und ich das so möchte. Die kahlen Zweige brauchen mehrere Wochen, um ihre Blüten auszubilden. Das tun sie überhaupt nur, wenn es bis zum 4. Dezember frostige Nächte gegeben hat. Ohne Frost keine Blüten!

Der Barbaratag zu Beginn des Advents war in meiner Familie stets ein besonderer Tag: Es gab viele Barbaras im Freundeskreis und in der Nachbarschaft, die allesamt gefeiert werden wollten. In stark katholisch geprägten Regionen hat sich der Brauch bis heute erhalten, Namenstage mindestens so groß, wenn nicht sogar größer als Geburtstage zu feiern. Diese Gepflogenheit geht auf das 14. Jahrhundert zurück, als der Klerus vorgab, Kinder nach Heiligen zu benennen und diese mit dem Namenstag zu ehren. Sogar eines meiner liebsten Kinderbücher von Christine Nöstlinger trägt den Titel „Wetti und Babs". Barbara, Bärbel, Babett, Wetti oder Babsi: Der Name, der im Mittelalter zu den häufigsten Frauennamen zählte und in meiner Kindheit noch gang und gäbe war, ist mittlerweile fast verschwunden. Laut einer Namensstatistik wurden in den Jahren 2010 bis 2021 nur 400 Mädchen in ganz Deutschland auf den Namen Barbara getauft. Dabei ist die Legende der heiligen Barbara durchaus bemerkenswert: Die junge Frau – eigentlich noch ein Mädchen im Teenageralter – widersetzte sich beharrlich dem Wunsch ihres Vaters. Anstatt sich zu vermählen, wendete sie sich dem Glauben zu und wurde Christin. Anstatt über sich bestimmen zu lassen, verfolgte sie unbeugsam ihren eigenen Willen. Sie hielt dem größten Druck unter Androhung des Todes stand: Anstatt Furcht bewies sie Mut. Anstatt Angst Würde. Anstatt sich fremdbestimmen zu lassen, ging sie mit allen Konsequenzen ihren eigenen Weg. Als ihr Vater sie in den Turm sperren ließ, schlug sie in dessen Mauern ein drittes Fenster, um die Dreifaltigkeit darzustellen. Als ihr Vater beschloss, seine eigene Tochter zu töten, floh sie in einen Felsspalt, der sich wie durch ein Wunder vor ihr öffnete. Als er sie hinrichten ließ, beschritt sie diesen letzten Weg aufrecht: Der Kirschzweig, der sich in ihrem Kleid verfing, trug am Tag ihres Todes Blüten.

Barbara ist Schutzpatronin der Bergleute: Wer den Knappen etwa in Bad Dürrnberg auf die schwarze Weste schaut, wird feststellen, wie symbolträchtig diese ist. Die Zacken des Schulterkragens stehen für die neunjährige Gefangenschaft der heiligen Barbara im Turm, die 29 goldenen Knöpfe für ihre Lebensjahre. Die obersten drei Knöpfe werden üblicherweise offen getragen, in Erinnerung an das dritte Fenster im Turm sowie als Anlehnung an die göttlichen Tugenden Glaube, Hoffnung und Liebe.
In unseren Breitengraden zählt Barbara gemeinsam mit Katharina und Margareta zu den drei Bethen, deren keltische Vorgängerinnen noch die Namen Ambeth, Wilbeth und Borbeth trugen. Das Christentum machte daraus die drei heiligen Madln und erkor sie zu den einzigen drei weiblichen unter den insgesamt 14 Nothelferinnen und Nothelfern. Merken kann man sich die drei Heiligen mit dem Spruch: „Bärbel mit'n Turm, Margareta mit'n Wurm und Katharina mit dem Radl, des sein die drei heiligen Madl!"

Während ich die kahlen Zweige ins Wasser stelle, denke ich über die Legende der heiligen Barbara nach, ihren starken Willen und ihre Würde. Mein eigener Wunsch nach Abgrenzung erscheint mir plötzlich so banal. Und ich frage mich unwillkürlich:

Wieviel Barbara steckt in mir?
Welche Wege beschreite ich beharrlich?
Wie gut kann ich mich gegen Fremdbestimmung
widersetzen und sei es nur, um mir meine Adventszeit
so zu gestalten wie ich es möchte?

Mich nicht bedrängen und unter Druck setzen zu lassen, sondern meinen eigenen Weg zu gehen: in aller Klarheit. Den Weg eines ganz bescheidenen Advents. Ein guter Vorsatz für den Anfang. Mit ein wenig Glück werden die Barbarazweige an Weihnachten erblühen und etwas Grün ins Wohnzimmer zaubern. Und mit ein wenig Beharrlichkeit habe ich genau das getan, was ich tun wollte. Und alles andere sein lassen.

Tun und lassen

Notieren Sie für sich, was Sie dieses Jahr
im Advent partout nicht tun möchten.

In einem zweiten Schritt schreiben Sie
nieder, was Sie in diesem
Advent ganz bewusst erleben wollen.

Nikolaus und Krampus

Erkenntnis

Es ist Abend und ein Hauch von Schnee hat das Kupferdach der Sebastianskirche angezuckert. In der Linzer Gasse eilen Menschen raschen Schrittes ihrer Wege. Die Schaufenster sind hell erleuchtet, die Gaststuben gut gefüllt: Es ist der 5. Dezember und vielerorts werden Krampusse zum Kränzchen erwartet. Als ich die erste dumpfe Glocke vernehme, spüre ich ein Kribbeln tief in der Magengrube und es kommt mir eine meiner traumatischsten Kindheitserinnerungen ins Gedächtnis. Ich war acht Jahre alt, als ich während eines Krampuslaufs so panisch zu weinen begann, dass ich kurzerhand von einem Polizisten auf die örtliche Wachstube mitgenommen wurde. Hier durfte ich mich aufwärmen und wieder zu Sinnen kommen. In Anwesenheit meiner Mutter wurde ich gefragt, ob man mich geschlagen hätte: Nein! Ob etwas anderes vorgefallen wäre? Nein! Ich war nur völlig außer mir vor Angst: Ich hatte nicht zwischen Realität und Fantasie unterscheiden können. Für mich waren Krampusse keine Männer mit geschnitzten Larven und Schaf- oder Ziegenfell, sondern echte Wilde: unzähmbar, unkontrollierbar. Monster, die mir Todesangst einjagten.

Wenn ich heute als erwachsene Frau einer Krampuspass begegne, werden blitzartig all diese Erinnerungen abgerufen: In Sekundenschnelle macht sich mein Sonnengeflecht im Magen, dieses Knäuel aus hundert Millionen Nervenzellen, bemerkbar. Da ist etwas in mir gespeichert, was mich gruseln, mich erschaudern lässt. Meine Nerven sind in Alarmbereitschaft. Lange bevor ich die Pass sehe, höre ich sie. Später werde ich sie auch riechen: Diesen modrigen, fast schon morbiden Geruch von feuchtem Fell, von Rauch und Leder.
Heute stelle ich mich den Krampussen: todesmutig, wie es mir scheint. Aber auch geerdet, wohlwissend und mit der Erkenntnis, dass sie mich anrempeln, aber nicht umhauen werden. Als mir einer der Krampusse mit seinem groben Handschuh die Haare zerzaust und mir übers Gesicht fährt, muss ich sogar lächeln. Ich kann mir vorstellen, wie ich aussehe: ein klein wenig verwüstet, mit schwarzen Schlieren auf Stirn und Wange. Vom Leben gezeichnet, aber was ist schon ein Krampus im Vergleich zu den Wirren und Prüfungen des Lebens? Ich versuche erst gar nicht, die schwarzen Flecken von meinem Gesicht zu wischen: Sie passen hervorragend zu den – nicht wegwischbaren – echten Fältchen.

Vielerorts zieht Nikolaus, der gute und gütige Mann, mit seinem Gefolge aus Krampussen, Engeln oder Korbträgern am 5. und 6. Dezember durch die Gassen und von Haus zu Haus. Ehrfurchtsvoll begegnen ihm die Kinder, die in den Tagen und Wochen zuvor ihre Gedichte eingeübt haben und nun versuchen, diese fehlerfrei aufzusagen. Gar nicht so leicht angesichts der Situation und des klopfenden Herzens: Es gilt, die Nerven zu bewahren. Eine gute Übung für das spätere Leben. Und ein erster Hinweis auf den Ernst des Erwachsenseins. Erst wenn das Gedicht gesprochen und die Fragen zur Zufriedenheit aller beantwortet wurden, gibt es – nach ein paar Belehrungen für das zukünftige Verhalten – das rote Nikolaussackerl, prall gefüllt mit Walnüssen, Mandarinen, Äpfeln, Datteln und Schokolade. Und erst wenn der Mann mit der hohen Mitra, dem Bischofsstab und dem weißen Bart samt Gefolge abgezogen ist, werden auch die schüchternsten Kinder wieder gesprächig: Dann wird wieder geplappert und erzählt, was der Nikolaus gesagt und getan und wie er geschaut hätte. Die ganze Anspannung ist verflogen: Gut ist's gegangen, nix ist geschehen!

Diese beiden Figuren – Nikolaus und Krampus – sind ein wunderbarer Spiegel, der uns Raum für Reflexion bietet. Der gütige Vater und der wilde Geselle – Gegenspieler seit Menschengedenken und dennoch untrennbar miteinander verbunden. Gut und Böse. Weiß und Schwarz. Fürsorglich und strafend. Himmel und Hölle. Der Heilige und der gefallene Engel. Unter diesem Aspekt hält mit dem Besuch von Nikolaus und Krampus die ganze Welt mit all ihren Schattierungen und Gegensätzen Einzug ins Haus. Das eine gibt es nicht ohne das andere. Die Sonne nicht ohne den Schatten. Das Lachen nicht ohne Fältchen. Den Sommer nicht ohne den Winter.

Zwei mystische Figuren spielen uns in wenigen Minuten das große Welttheater und da ist es kein Wunder, dass sogar uns Erwachsenen manchmal ein Schauer über den Rücken läuft. Denn diese zwei Gestalten liefern uns eine wichtige Erkenntnis und das frei Haus.

Die zwei, die da vor uns stehen, sind nicht nur Nikolaus und Krampus – sie sind ein Abbild des Lebens. Eine

Erklärung, wie es funktioniert, falls wir es wieder einmal nicht verstehen. Falls wir wieder einmal zweifeln und hadern und denken, den anderen geht es stets besser als uns. Die besitzen mehr, sind schöner, reicher, glücklicher. Gilt nicht der Vergleich schon immer als Ende des eigenen Glücks?
Vielleicht steht bei den anderen tatsächlich gerade der Nikolaus mit einem prall gefüllten Sackerl vor der Tür. Aber glauben Sie mir: Der Krampus rasselt an der nächsten Ecke schon mit der Kette. Es gibt sie nur im Doppelpack. Es gibt sie nur zu zweit.

Joseph Mohr

Geben und nehmen

Stille Nacht! Heilige Nacht!
Wo sich heute alle Macht
väterlicher Liebe ergoss,
und als Bruder huldvoll umschloss
Jesus die Völker der Welt.
Jesus die Völker der Welt.

Joseph Mohr (1792–1848)

Relativ unbekannt ist sie, diese vierte Strophe des weltberühmten Liedes „Stille Nacht! Heilige Nacht!“ Insgesamt sechs Strophen ist das ursprüngliche Gedicht lang, das der Salzburger Hilfspfarrer Joseph Mohr im Jahr 1816 schrieb und das nur zwei Jahre später Vorlage und Inspiration für die Komposition sein sollte. Heute ist „Stille Nacht! Heilige Nacht!“ sprichwörtlich in aller Munde: Rund zwei Milliarden Menschen singen das Lied aus Salzburg in mehr als 300 Sprachen und Dialekten weltweit. Es ist eine schier fantastische Geschichte, die sich hier zutrug: Joseph Mohr verfasste das Gedicht als junger Hilfspriester, gerade einmal 24 Jahre alt. Zwei Jahre später wurde es in Oberndorf bei

Salzburg in der Christmette erstmals gesungen: Von ihm und seinem Freund, dem Lehrer und Komponisten Franz Xaver Gruber.
In Joseph Mohrs Leben fügte sich vieles schicksalhaft. Bei seiner Geburt in der Steingasse 31 in der Stadt Salzburg am 11. Dezember 1792 deutete nichts darauf hin, dass der Bub einmal einen Weg einschlagen sollte, der die Menschen noch Jahrhunderte nach seinem Tod bewegen würde.
Als er am 4. Dezember 1848 in dem Salzburger Bergdorf Wagrain verstarb, hinterließ er neben seiner Gitarre und seinem Talar keine weiteren weltlichen Güter: Alles Geld hatte er noch zu Lebzeiten weitergegeben, um die Ärmsten der Armen zu unterstützen: die Kinder, die Alten und die Kranken. Das größte Erbe, das er der Menschheit hinterließ, waren jedoch die berührenden Worte, die sich mit einer ebenso bewegenden Melodie zu einem größeren Ganzen verwoben.

Als 2018 das 200-Jahr-Jubiläum des Liedes gefeiert wurde, bekam ich die Gelegenheit, mich mit dessen Entstehungsgeschichte und dem Leben der beiden Männer Joseph Mohr und Franz Xaver Gruber intensiver zu beschäftigen. Vor allem die Biografie Joseph Mohrs hat mich berührt: Seine Mutter, die junge, unverheiratete Strickerin Anna Schoiber, musste ihr „fleischliches Vergehen“ – die Zeugung all ihrer vier unehelichen Kinder – zur Anzeige bringen. Seinen Vater – einen fahnenflüchtigen Musketier der Salzburger fürsterzbischöflichen Garde – lernte Joseph Mohr nie kennen. Nur vier Stunden nach seiner Geburt wurde der Bub im Dom zu Salzburg getauft. Als Taufpate war Salzburgs letzter Scharfrichter Franz Joseph Wohlmuth eingetragen: Auch er einer, der am Rande der Gesellschaft stand, und der sich mit seinen Diensten ein wenig Ansehen erkaufen wollte.

Es war ein harter Start ins Leben und dass ein armseliger Niemand wie Joseph Mohr – ein Außenseiter ohne Mittel und Chancen – eine höhere Schule besuchte, das Priesterseminar absolvierte und schon als 22-Jähriger frühzeitig zum Priester geweiht wurde, grenzt an ein Wunder.
Joseph Mohr erfuhr in seinem Leben viel Unterstützung: nicht unbedingt von der eigenen Familie, die über keinerlei Ressourcen verfügte, sondern von außen. Es gab Fürsprecher und Mentoren, die sein Talent erkannten, an ihn glaubten und ihn förderten. Und denen Joseph Mohr höchst dankbar und verbunden blieb. Er war – so lassen es die Biografien vermuten – von widerspenstigem und aufmüpfigem Charakter, was offenbar nicht verkehrt ist. Er vergaß nie, woher er kam und wo seine Wurzeln waren. Ein Leben lang setzte er sich für die Schwächsten der Gesellschaft ein und legte sich dafür auch gerne mit der Obrigkeit an. Er gab zurück, was er einst bekommen hatte. Und er hielt sein Leben lang am Glauben fest, der ihm Halt gab. In seinem Liedtext „Stille Nacht! Heilige Nacht!" klingt dieser Glaube an das Leben an. Es ist ein Lied, das Hoffnung gibt und Trost und Unterstützung bietet. Es scheint gerade so, als würde es uns zuflüstern: „Du bist nicht allein. Weder in deinem Glück noch in deinem Unglück. Es gibt etwas, das uns alle hält und beschützt." Dass Joseph Mohr und Franz Xaver Gruber mit dem Lied ein wahrer Geniestreich gelungen war, ist ein weiteres Wunder. Ein Wunder, das seinen Zauber bis heute entfacht und seit Generationen Menschen erreicht und berührt.

Die Geschichte Joseph Mohrs zeigt in beglückender Weise auf, was es bedeutet, zu nehmen und zu geben. Viele von uns tun sich mit dem einen oder mit dem anderen schwer. Zu nehmen ist um nichts einfacher als zu geben. Beides

zu beherrschen, ist eine Kunst, die von Selbstbewusstsein, Demut und Dankbarkeit zeugt. Um Hilfe zu bitten und sie anzunehmen, wenn man sie braucht, ist das Gegenteil von Hilflosigkeit. Es ist ein Zeichen von Reife und von erwachsenem Handeln. Unterstützung von außen eröffnet Spiel- und Handlungsräume, kann das Leben in völlig neue Bahnen lenken. Unterstützung zu bieten, ist hingegen ein Akt, der zu innerer Zufriedenheit führt. Beides stiftet Sinn, beides kann erfüllend sein.
Auch Joseph Mohr lebte sein Leben auf intensive Weise, er suchte nach Erfüllung im Diesseits. Das Jenseits würde früh genug kommen. Heute würden wir wohl sagen: Joseph Mohr lebte ganz im Hier und Jetzt. Und er schuf aus dem Wenigen, das ihm zur Verfügung stand, Großartiges und Bleibendes. Wenn wir nehmen und geben, fühlen wir uns eingebettet, als Teil der Gemeinschaft, als soziales Wesen. Auch Joseph Mohr war einer, der gerne unter Leuten war, der auch im Wirtshaus ein- und ausging und sogar die Gitarre – zu seiner Zeit ein reines Wirtshausinstrument – immer bei sich trug: sogar in der Kirche.

Der Winter ist die Zeit, in der wir mehr für uns sind. Viele von uns vermissen die Gemeinschaft und den Austausch, das Geben und Nehmen. In der Adventszeit tut es gut, Menschen um sich zu versammeln, die einem wohlgesonnen sind: Sich an einen Tisch zu setzen, vielleicht die Gitarre auszupacken oder einfach nur ein langes Gespräch zu führen. Um Rat zu bitten oder nachzufragen, wo Hilfe nötig ist. Sich als Teil der Gemeinschaft zu fühlen und zu spüren, ich bin nicht allein. Auch wenn es nicht die eigene Familie ist, aber es gibt immer eine Wahlverwandtschaft – im allerbesten Sinne.

Stille

Loslassen

Der eisige Wind fegt über das kleine Gipfelplateau und treibt die schweren Wolken vor sich her. Es wird Winter in den Bergen und am grauen Horizont sind die schneebedeckten Dreitausender der Hohen Tauern zu erkennen. Trotz der unwirtlichen Temperaturen nur knapp über dem Gefrierpunkt lasse ich mich nach dem Aufstieg neben dem Gipfelkreuz nieder, packe meine Thermoskanne aus und nehme einen Schluck Tee. Ich möchte Abschied nehmen – ja, so fühlt es sich an. Es wird längere Zeit dauern, bis ich wieder hier oben stehen werde. Kalt wird es in den nächsten Tagen werden: Der Winter steht buchstäblich vor der Tür. Die Hütte ist bereits geschlossen, die Natur wähnt sich in einer Art des konzentrierten Wartens. Es ist gerade so, als hätte sich ein Mensch zum Schlafengehen niedergelegt und warte nun darauf, dass der Schlaf sich bald einstellen würde. Die Natur hat sich zur Ruhe begeben und ich spüre eine tiefe innere Vorfreude auf die bevorstehende Zeit, die so anders sein wird als die warmen, leichten Monate, die hinter uns liegen.

Während ich am Tee nippe, spitze ich die Ohren und höre außer dem Rauschen des Windes in den Latschen und sein Pfeifen einfach nichts! Kein Mensch hat sich heute hier heraufgewagt. Es herrscht eine vollkommene Un-Ruhe. Der Berg spielt seine eigene Melodie, komponiert von der Natur und ihren Elementen. Es ist die letzte Bergtour vor dem vorausgesagten Wintereinbruch. Schon in wenigen Tagen wird der Stein, auf dem ich sitze, von einer dicken Schneeschicht bedeckt sein. Dann wird es hier nicht nur still, sondern einsam sein. Die kurzen, borstigen Gräser, die sich schon dem eisigen Ostwind ergeben haben, werden unter noch viel ungnädigerem Schnee begraben liegen. Die Äste der Tannen und der noch feingliedrigeren Lärchen werden schwer zu tragen haben: Es gibt Orte in den Bergen, an denen der Schnee so massiv ist, dass die Bäume besonders kurze Äste ausbilden wie etwa die Spitzfichten im Rauriser Urwald.

Hier oben auf dem Gipfel zu stehen, fühlt sich nach Loslassen an: gerade so, als liege eine Vorahnung in der Luft. Die Vorahnung, dass eine frostige Zeit vor uns liegt. Der Winter ist eine kalte, dunkle Zeit, auch eine viel stillere als der quirlige Sommer. Und irgendwie regt sich in mir eine Stimme, die sagt: „So hätte es doch auch nicht weitergehen können!“ Immer diese Leichtigkeit, immer diese Lebendigkeit, immer dieses Aufblühen, immer dieser Trubel.
Nein, so hätte es nicht weitergehen können: Wir leben in Breitengraden, in denen die Jahreszeiten den Rhythmus vorgeben. In denen die Natur uns vormacht, dass jede einzelne Jahreszeit nach einer anderen Strategie verlangt. Und zum Wachsen und Gedeihen braucht es eben auch Ruhephasen. Nein, so hätte es nicht weitergehen können! Es ist höchste Zeit, um zur Ruhe zu kommen und um in die Stille zu gehen. Es ist höchste Zeit loszulassen.

Der Abschied vom Sommer fällt vielen von uns jedoch unsagbar schwer. Oft lösen die ersten Vorboten des Winters schon Angstgefühle aus: Es gibt Menschen, die Feste in den Sommer verlegen, weil sie nicht im Winter feiern möchten. Es gibt Menschen, die schon ab November klagen, wie sehr ihnen das Sonnenlicht fehlt. Und es fehlt uns tatsächlich: So weisen Medizinerinnen und Mediziner darauf hin, dass sechzig Prozent aller Menschen in Europa, die nördlich von Rom leben, am Ende des Winters unter Vitamin D-Mangel leiden. Ein Mangel kann mit Müdigkeit, Abgeschlagenheit und einem geschwächten Immunsystem einhergehen.

Diese übergroße Sehnsucht nach Sommer, Sonne und Wärme könnte aber auch damit zusammenhängen, dass wir gefühlte Wärme mit Zuneigung und Liebe verknüpfen. Die wärmenden Sonnenstrahlen des Sommers lösen genau dieses Wohlgefühl aus. Studien zeigen, dass unser Körpergefühl kälter erscheint, wenn wir Ausgrenzung oder sogar Isolation erfahren. Befinden wir uns in Gemeinschaft, ist das subjektive Empfinden wärmer.

Wie stark die Sehnsucht nach Wärme und Gemeinschaft während der Winterzeit ist, zeigt der Begriff der „Cuffing Season". Diese relativ neue Wortschöpfung erklärt ein altes Phänomen, nämlich das gesteigerte Bedürfnis nach körperlicher Nähe und nach Partnerschaft während der frostigen Monate. Wenn es draußen eisig kalt und dunkel ist, möchte keiner alleine sein. Diese Sehnsucht spiegelt sich sogar auf Online-Dating-Plattformen wider, die nach dem Sommer besonders gut besucht sind.
Physische Kälte erhöht das menschliche Bedürfnis nach Zweisamkeit, Geborgenheit und Sicherheit. Wer sich in einer stimmigen Partnerschaft befindet, profitiert davon auf mehreren Ebenen: Allein der Anblick und der Körpergeruch des Partners erhöhen den Oxytocinspiegel. Dieses Hormon, das landläufig auch als Kuschelhormon bezeichnet wird, macht uns bindungsfähiger, es wirkt stress- und angstmindernd, erhöht Vertrauen und Empathie. Kurz: Oxytocin unterstützt uns dabei, besser über die kalte Jahreszeit zu kommen und ist damit ein wertvoller Beitrag, um gut zu überwintern. Körperliche Nähe stärkt erwiesenermaßen auch das Immunsystem: Das Küssen unter dem Mistelzweig ist also nicht nur ein entzückender Brauch, sondern auch eine medizinische Empfehlung.

So ist es nicht allein ein Gefühl von Abschied und Loslassen, das sich hier am Gipfel in mir breit macht, sondern auch eine gewisse Vorfreude: Freude auf lange Abende, an denen wir am Tisch sitzen, während der Wind ums Haus fegt. Freude, nicht mehr nach draußen zu gehen und den ganzen Trubel mitzumachen. Freude auf ruhige Lesestunden am Kachelofen und Freude auf gemütliche Samstage, die auf dem Sofa verbracht werden. Freude auf heiße Eintöpfe und wohltuende Bäder, auf Saunagänge und stille Spaziergänge, auf lange Telefonate und heimelige Zweisamkeit. Wir werden die Wärme ins Haus zaubern. Wir werden dem Leben eine Pause gönnen und dem Winter ein bisschen von seiner ursprünglichen Bedeutung zurückgeben.

Vor allem im bäuerlichen Umfeld lösten die Wintermonate die arbeitsintensiven Wochen des Sommers und des Herbstes ab. Die ruhigere Zeit versprach endlich mehr Schlaf und weniger harte Arbeit. Man widmete sich der Handarbeit oder döste auf dem Kanapee. Die Anstrengungen des Sommers waren vorüber und der Winter wurde genutzt, um Energie zu tanken.
In einer Zeit, in der die Menschen für die Arbeit lebten, versprach der Winter eine wahre Pause. Heute hingegen, in einer Zeit, in der sich das Verhältnis umgekehrt hat und viele nur noch arbeiten, um zu leben, fühlt sich der Winter wie eine einzige Beschränkung an: Freizeitaktivitäten, denen im Sommer noch bis spät in den Abend nachgegangen werden kann, werden durch Kälte und Dunkelheit erschwert oder sogar unmöglich.
Der Winter wird als Einengung und Beschneidung empfunden, dabei ist er ein Geschenk. Ein Geschenk, das uns auffordert, einfach von allem weniger zu machen, Ruhe zu geben. Eine Art von Winterruhe zu halten wie das Eichhörnchen oder der Dachs. Vielleicht sich sogar ein wenig zu langweilen. Warum nicht? Aus Langeweile sind schon die allerschönsten Dinge entstanden.

In die Stille kommen und entspannen: Tratak-Lichtmeditation

Viele Menschen ertragen Stille nur schlecht, da sie diese mit Einsamkeit gleichsetzen. Zudem neigt unser Geist in der Stille dazu, das Gedankenkarussell anzuwerfen, was recht anstrengend sein kann. Menschen, die regelmäßig meditieren, erfahren Stille hingegen als Quelle und Fülle. Versuchen Sie es doch einmal mit der klassischen Lichtmeditation aus der Yoga-Praxis.

Entzünden Sie dazu eine Kerze und finden Sie eine bequeme Sitzposition: Die Kerze sollte zwischen einem und 2,5 Metern von Ihnen entfernt stehen und sich etwas unterhalb der Augenhöhe befinden. Richten Sie den Blick in die Flamme und versuchen Sie, diesen zu halten, und dabei nicht oder möglichst wenig zu blinzeln. Konzentrieren Sie sich auf Ihren Atem und beobachten Sie die Flamme, ihr Flackern oder stilles Lodern. Wenn Sie den Blick nicht mehr halten können oder die Augen zu tränen beginnen, schließen Sie sie. Sie werden die Flamme auch noch als inneres Bild sehen. Konzentrieren Sie sich auf den Punkt zwischen Ihren Augenbrauen und die imaginäre Flamme. Verschwindet das Bild allmählich, öffnen Sie wieder die Augen und richten Sie den Blick erneut auf die Flamme. Wiederholen Sie den Vorgang einige Male und für mehrere Minuten.

Ich genieße diese Meditation gerne vor dem Zu-Bett-Gehen: Sie hat eine entspannende und wohltuende Wirkung. Versuchen Sie, nach der Meditation in keinen Bildschirm mehr zu schauen und gönnen Sie Ihren Augen eine Auszeit.

Engel

Vertrauen

Gerade als ich am Ortsausgang Gas geben will, biegt er aus der Seitenstraße: ein roter Ford Fiesta. Verbeult und rostig. Ich kann nicht sehen, wer am Steuer des Autos sitzt, weiß aber instinktiv: Das mit dem Gas geben werde ich auf den nächsten Kilometern vergessen können. Und tatsächlich: Die Lenkerin oder der Lenker des Fahrzeugs vor mir scheint gar nicht zu wissen, dass es jenseits des dritten Ganges ein anderes Tempo gibt. Von Beschleunigung kann gar nicht mehr die Rede sein: Termin hin oder her. Hier geht auf lange Zeit nicht viel voran. Wir zuckeln mit 50 km/h über die Landstraße – Überholmanöver ausgeschlossen: Die alte Kiste voraus, ich hinterdrein.

Habe ich mich früher angesichts solcher Situationen grün und blau geärgert, sehe ich es heute gelassener: Ich weiß nicht, woher die Gewissheit eines Tages kam, aber ich bin mir sicher, dass das Auto vor mir von meinem ganz persönlichen Schutzengel gesteuert wurde. In seiner geflissentlichen Arbeitsmoral bog er im letztmöglichen Moment vor mir auf die Straße, um mich einzubremsen, auszubremsen, um mich zu beschützen. Engel arbeiten rund ums Jahr,

nicht nur im Advent, obwohl sie sich in dieser Zeit vielfach manifestieren.
Dieser Gedanke beruhigt mich und gibt mir ein gutes Gefühl. Ich werde niemals wissen, was passiert wäre, hätte ich am Ortsausgang wie geplant Gas gegeben. Und es ist gut so. Manchmal ist es notwendig, dass uns jemand beschützt: vor uns selbst und der Welt da draußen. Und das passiert öfter, als wir denken. Auch wenn wir es nicht sehen oder wahrhaben wollen. Es gilt, einfach darauf zu vertrauen.

Danke, lieber Engel!

Haben Sie auch Engel in Ihrem Leben, auf die Sie sich immer verlassen und denen Sie vertrauen können? Eine liebe Nachbarin, einen Bekannten, Freundinnen, Kollegen, ein Haustier? Lassen Sie keine Minute verstreichen: Schlüpfen Sie in Ihre Schuhe oder greifen Sie zum Telefon. Gehen Sie rüber, klingeln Sie an der Wohnungstür oder rufen Sie an. Drücken Sie diese Person oder schütteln Sie ihr einmal nachdrücklich die Hand. Streicheln Sie das Tier und verwöhnen Sie es mit einem Leckerbissen. Und sprechen Sie Ihre Gedanken dabei aus: „Weißt du eigentlich, dass du ein Engel in meinem Leben bist? Dafür möchte ich Danke sagen."

Blaue Stunde

Ruhe

Mir scheint, als wäre die Diskrepanz zwischen dem Wunsch nach Ruhe und Rückzug und der Realität mit Bergen von Arbeit niemals größer als in der Vorweihnachtszeit. Denn: Es ist ja nicht nur Weihnachten! Kurz nach Weihnachten folgt der Jahreswechsel und schon ab September habe ich den Eindruck, als würde das Jahr noch einmal so richtig Fahrt aufnehmen und an Dynamik gewinnen. Während in den Supermärkten die ersten Spekulatius-Kekse in die Regale geräumt werden, wird in den Büros noch einmal richtig angeschoben. Jahr für Jahr entsteht der Eindruck, als würde nicht das Jahr, sondern das Leben an sich enden. Alles, was an Projekten und Abschlüssen noch umsetzbar erscheint, muss jetzt passieren, alle Reserven werden angezapft.

Weihnachten und der damit einhergehende Jahreswechsel wirken, als ginge damit ein ultimatives Ende einher. This is the final call: „Weihnachten steht vor der Tür. Schnallen Sie sich an, es könnte zu Turbulenzen kommen." Je näher Weihnachten und damit das selbst gestellte Ultimatum rückt, umso mehr scheint sich die Stress-Spirale zu verdichten. Der Druck von außen wächst stetig, hinzu kommen die eigenen hohen Ansprüche. Die zunehmende Dunkelheit und erste Infektionen, Schnupfennasen und Abgeschlagenheit tun das Übrige. Sogar die Aussicht auf Weihnachten selbst bedrückt manche Menschen: Weil sie nicht wissen, mit wem sie feiern sollen. Weil sie Angst vor den Verwandten haben, die sich ankündigen. Weil sie bereits ahnen, dass die zunehmende Erschöpfung dazu führen wird, dass sie sich am Weihnachtsabend wie erschlagen fühlen. Weil es häufig vorkommt, dass Weihnachten zu den allergrößten Krisen und Konflikten führt.

Und auf dieses Fest stolpert man nun zu: Die eigenen Kraftreserven werden von Tag zu Tag weniger, die innere Zerrissenheit nimmt zu, ebenso der Frust. Aussagen wie „Ich habe überhaupt keine Lust auf Weihnachten", „Ich feiere heuer einfach nicht" oder „Lass mich bloß in Ruhe mit Weihnachten" sind gar nicht so selten. All das ist schade! Weihnachten steht jedes Jahr im Kalender, ja! Aber Weihnachten hat kein Eigenleben: Es ist immer das, was wir daraus machen.
Und das gilt auch für die Tage und Wochen davor. Es gilt, den Fokus neu zu setzen. Und es gilt, das Neue einzuüben – und zwar täglich. Der Advent ist eine wunderbare Zeit dafür. Vor langer Zeit habe ich einen Pastor gefragt, warum die tägliche Praxis, sei es das Gebet, sei es Yoga, sei es das Üben eines Instruments, so wichtig wäre. Er antwortete darauf nur: „Denn jeden Tag geht die Sonne auf." Auch wenn es trivial klingt, aber jeder Tag ist ein Neubeginn. Hat es gestern nicht ganz so gut geklappt mit der Ruhe und dem Rückzug, dann klappt es vielleicht heute.

Der Winter schenkt uns Dunkelheit: ein Geschenk, das wir in der Regel gerne postwendend retour schicken würden. Er schenkt uns aber auch Naturphänomene, die es nur zu dieser

Zeit gibt, wie etwa eine von Raureif verzauberte Landschaft oder die blaue Stunde. Diese 30- bis 50-minütige Zeitspanne entsteht während der Morgen- und Abenddämmerung, wenn die Sonne so weit unterhalb des Horizonts steht, dass das blaue Farbspektrum dominiert. Obwohl sie eine rein physikalische Erscheinung der Atmosphäre ist, geht von ihr eine unfassbare Magie aus. Die blaue Stunde ist die Zeit der Achtsamkeit, der Liebe und der Poesie. Gekrönt wird sie durch das Leuchten des Abendsterns, der in der Dämmerung seinen großen Auftritt feiert.
Davor aber wird die Welt von Blau umhüllt und sie scheint diese Umhüllung nicht nur zu genießen, sondern in ihr stillzuhalten: So wie wir stillhalten, wenn wir von einem liebenden Menschen fest umarmt werden. Die blaue Stunde ist eine Einladung, um zur Ruhe zu kommen: Sie ist eine Zeit des Sinnierens, des Liebens und des Träumens. Sie stellt eine Zäsur dar zwischen dem Arbeitstag und der aufziehenden Nacht. Auch wenn viele von uns zur Zeit der blauen Stunde noch am Arbeitsplatz verweilen, gibt es ja immer auch die freien Tage und Wochenenden, um sie auszukosten.

Machen Sie es sich in diesem Advent zum Vorsatz, die blaue Stunde so oft wie möglich zu zelebrieren. Mein Lieblingsteeladen führt sogar einen Kräutertee, der den Namen „Blaue Stunde" trägt. Ich brühe ihn auf, gieße mir eine Tasse ein und setze mich ans Fenster. Ich blicke hinaus, lasse die Gedanken schweifen. Es ist, als würde ich diese wunderbar poetische Stimmung aufnehmen, einatmen und festhalten. Meine Wahrnehmung schärft sich und Gedanken klären sich, neue Möglichkeiten tun sich auf, Ideen bahnen sich ihren Weg. Und auch, wenn es nur für wenige Minuten ist, kehrt eine schier greifbare Ruhe ein.

Das Geschenk der blauen Stunde

Manchmal scheint alles aus dem Ruder zu laufen. Es ist, als wären wir fremdgesteuert und hätten keine Kontrolle über die Dinge, die mit und um uns passieren. Gerade vor Weihnachten scheint sich dieses Gefühl oft noch zu verstärken. Lassen Sie sich davon nicht unterkriegen, denn es gibt immer Handlungsspielräume, Alternativen und Optionen. Um sich neuer Wege und Möglichkeiten bewusst zu werden, braucht es aber Zeit zum Innehalten, Reflektieren und Nachdenken.

- Schaffen Sie sich kleine Zeitinseln zur blauen Stunde, entweder am Morgen oder am Abend.
- Gehen Sie zur blauen Stunde raus: Sich mit der Natur zu verbinden, ist ideal, um sich an veränderte Gegebenheiten anzupassen und das Immunsystem auf Winter zu programmieren.
- Nutzen Sie die blaue Stunde zum Meditieren, Lesen, Teetrinken, Musikhören und zu allem, was Ihnen guttut.
- Zünden Sie eine Kerze an und schalten Sie alle künstlichen Lichtquellen aus.
- In unseren Breitengraden zieht man die Farbe Rot bei Topfblumen vor. Dekorieren Sie Ihre Wohnung anstatt mit Amaryllis und Weihnachtsstern doch einmal mit blauen Hyazinthen, wie es die Skandinavier tun. Die Blumen verströmen einen himmlischen Duft und passen herrlich zur blauen Stunde.

Krippe

Geborgenheit

„Wer einmal sich selbst gefunden hat,
kann nichts auf dieser Welt mehr verlieren."

Stefan Zweig (1881–1942)

Je näher Weihnachten rückt, umso häufiger werden in den sozialen Medien jene Posts, die mit Hashtags wie #driving-homeforchristmas und #familyfirst versehen sind. Ich stelle mir die Frage: Seit wann verstehen sich plötzlich alle so gut? Seit wann versammelt sich die ganze Familie in purer Harmonie unterm Christbaum und verbringt gemeinsam die Weihnachtsfeiertage?

Habe ich etwas verpasst? Einen Trend übersehen? Doch nein: Es ist nur der schöne Schein der sozialen Medien, der so wenig mit der Realität zu tun hat wie alle anderen bunten Abziehbildchen, die dort Tag für Tag hochgeladen werden. Frauen, die in wunderbar fließenden Kleidern ihre Häuser vom Keller bis unters Dach dekorieren. Vor Kraft strotzende Männer, die mächtige Christbäume auf PS-starke SUVs packen. In den sozialen Medien leben die Klischees hoch!

Da schwöre ich doch auf Xaver Schwarzenbergers Spielfilm-Klassiker „Single Bells", der in seiner satirischen Überzeichnung bereits ans Absurde grenzt. Da wird die Gans aus dem Mistkübel geholt, die Ratte sitzt in der Krippe und das Kind spuckt den Eierlikör auf den Teppich. Es steckt so viel bittersüße Wahrheit in diesen 90 Minuten: Der Film ist gut 30 Jahre alt und kein bisschen altmodisch. Er ist einer meiner Ankerpunkte im Advent. Ähnlich wie Kinder immer wieder nach der gleichen Gute-Nacht-Geschichte verlangen, brauche ich jedes Jahr einen Abend „Single Bells" – auch wenn ich die Dialoge bereits mitsprechen kann. Der Film tut in der Seele gut, weil er vor Augen führt, dass hinter jeder Haustür gewaltige Herausforderungen wohnen. Oder wie meine Oma immer sagte: „Unter jedem Dach ein Ach."

Familien prägen uns, sie können uns Kraft geben, uns aber auch die größten Wunden zufügen. Wir können uns unsere Familie nicht aussuchen: Sie ist immer schon da, wenn wir geboren werden. Wo wir landen, liegt nicht in unserer Macht. Und auch nicht das, was unsere Eltern, Großeltern und Generationen von Vorfahrinnen und Vorfahren erlebt und durchgemacht haben. Die Epigenetik ist ein hochspannender, wenn auch noch sehr junger Wissenschaftsbereich: Sie beschäftigt sich unter anderem mit der Frage, ob Erlebnisse wie Traumata unserer Ahninnen und Ahnen noch über Generationen nachwirken, weil sie in den Genen eingeschrieben sind und durch bestimmte Umwelteinflüsse abgerufen werden. So berichten immer wieder Menschen von wiederkehrenden Alpträumen, Ängsten oder auffälligen Verhaltensweisen, die sie sich selbst nicht erklären können. Wenn sie sich dann in der eigenen Familiengeschichte auf die Suche nach möglichen Auslösern oder Ursachen machen, offenbart sich oft ein Schicksal, von dem sie bisher nichts wussten oder gar ahnten. Aber sie erhalten eine Erklärung für ihre eigenen Empfindungen.

Die Familie kann Keimzelle für alles Schöne und alles Schreckliche sein, des ganz großen Glücks und des ganz großen Unglücks. Sie kann das Beste aus uns herausholen oder uns zerstören. Familien können entstehen und zerbrechen. Wir können uns ein Leben lang nach ihnen sehnen oder uns von ihnen lossagen. Diese Gedanken gehen mir durch den Kopf, als ich vor der Krippe in der Pfarrkirche meines Ortes stehe. Die Tradition des Kripperlschauens habe ich mir bewahrt, auch wenn ich schon lange nicht mehr auf die hölzerne Stiege klettern muss, die für die Kinder aufgestellt ist. Ich betrachte Maria und Josef und die noch leere Heuraufe, in der bald das Jesuskind liegen wird. Ochs und Esel sind schon da, die Hirten und die Schafe haben sich um den Stall versammelt, hoch oben weist der Stern den Weg. Bald ist Weihnachten: Das Fest, in dessen Mittelpunkt die Heilige Familie und die Geburt des Heilands steht. „Ihr Kinderlein kommet, so kommet doch all“ wird gesungen werden, mancherorts voller Freude und Glück, andernorts traurig und wehmütig.

Wenn ich selbst so vor der Krippe stehe, spüre ich eine kindliche Freude in mir: Ich nehme das kleine Mädchen wahr, das ich einst gewesen bin. Dass sich so sehr auf Weihnachten gefreut hat, auf die Kindermette, auf das Christkind, auf die Geschenke. Ich spüre diese Magie als feines Kribbeln im Bauch: Es ist Vorfreude! Sie ist tief in mir und ich spüre auch, dass ich sie mir nicht nehmen lassen möchte. Nicht von all den Ansprüchen, die von außen an mich

herangetragen werden. Nicht von all den unschönen Erlebnissen, die um uns passieren. Und schon gar nicht von inszenierten Social-Media-Posts.
Diese Freude hat nichts mit schönem Schein zu tun. Sie ist rein und klar. Es ist die Aufregung vor einem besonderen Tag, an dem die Erwachsenen stets dafür sorgten, dass alles seinen richtigen Verlauf nahm. Die Geschenke waren eingepackt, der Christbaum geschmückt, die Buchteln im Rohr. Das Leben mit seinen hohen Erwartungen und Ansprüchen hatte noch nicht an die Tür geklopft. Es war Weihnachten und das war genug!

Das kleine Mädchen in mir scheint zu rufen: „Lass uns Weihnachten feiern, einfach weil es schön ist!" Und es hat recht: Sollten wir nicht viel öfter auf das Kind in uns achten und seine Wünsche berücksichtigen? Zugleich nehme ich wahr, dass ich mir selbst Mutter und Vater sein kann. Dass ich mir mit dem Erwachsenwerden meine ganz eigene, vollständige Familie geworden bin.
Ich kann mich bemuttern ebenso wie bevatern, wenn ich das brauche. Ich bin mir selbst Mutter, wenn ich gut für mich sorge, mir eine warme Mahlzeit zubereite, mir die Auszeit während der blauen Stunde gönne. Ich spüre aber auch die Energie des Vaters in mir: Ich kann meine männliche Kraft auffahren, wenn ich mich durchsetzen möchte und Entscheidungen treffe. Das führt zu einer wunderbaren Unabhängigkeit und zu dem tiefen Wissen, dass ich meine eigene Familie in mir trage, mir selbst eine heilsame Familie bin. Ein beglückender Gedanke! Alles ist in uns: Wir müssen es nur aufspüren!

Filme, die zu Weihnachten die ganze Familie glücklich machen:

Pippi geht von Bord (1969)

Immer dieser Michel (1971)

Single Bells (1997)

Das ewige Lied (1997)

Bridget Jones – Schokolade zum Frühstück (2001)

Tatsächlich ... Liebe (2003)

Charly und die Schokoladenfabrik (2005)

Die Zürcher Verlobung (2007)

Die Abstauber (2011)

Tief durchatmen, die Familie kommt (2015)

Bücher, die glücklich machen:

Vicky Baum **Der Weihnachtskarpfen**

Gunnar Gunnarsson **Advent im Hochgebirge**

Petra Hartlieb **Weihnachten in der wundervollen Buchhandlung**

P.D. James **Der Mistelzweig-Mord**

Daphne Kalotay **Die Tänzerin im Schnee**

Erich Kästner **Drei Männer im Schnee**

Selma Lagerlöf **Sancta Lucia**

Rosamunde Pilcher **Wintergeschichten**

Mihail Sebastian **Der Unfall**

Susanna Tamaro **Der Tannenbaum**

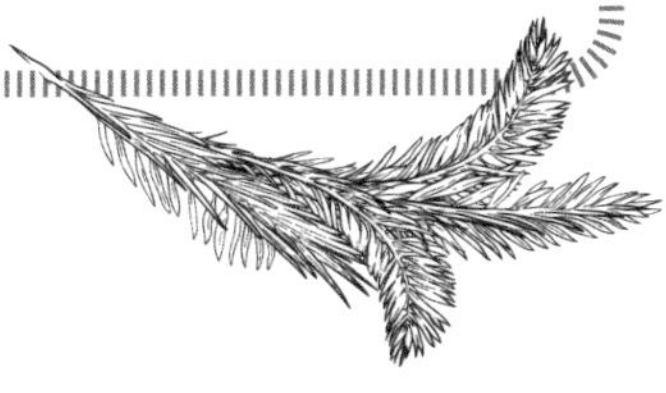

Raureif

Hingabe

Es ist ein verzauberter und eisig kalter Morgen. Dicker, wildgezackter Raureif hat sich mit feinen, klirrenden Nadeln über die Wiesen und Hecken gelegt. Jeder einzelne Ast der Birke ist umhüllt von einer zerbrechlichen Eisschicht, die die Strahlen der Morgensonne einfängt und bricht. Jedes Blatt und jeder Grashalm wurde mit einem glitzernden Silberrand versehen. Die letzten roséfarbenen Knospen der Rose vor unserem Haus, die ich mich entgegen aller gärtnerischen Ratschläge weigere zurückzuschneiden und die noch an Weihnachten einen Hauch von Eleganz verströmen, haben über Nacht ein diamantenes Krönchen erhalten. An manchen Stellen ist der Raureif mehrere Zentimeter dick. Zwischen den Fingern zerbröseln die Nadeln wie feinstes Glas. Raureif ist ein sicheres Zeichen dafür, dass es frostig kalt draußen ist: Er entsteht nur bei hoher Luftfeuchtigkeit und in Bewegung geratenem Nebel, zumeist bei Temperaturen unter minus sieben Grad.

Dieses Naturphänomen ist ein Verwandlungskünstler: Es ist eine Zauberwelt, in der sich sogar die Rehe wie Zauberwesen ausmachen. Unweit unseres Hauses grasen sie zwischen dem Schilf oder nehmen, im Gras liegend, Witterung auf. Die Rehgeißen sind mit hoher Wahrscheinlichkeit trächtig. Die im Sommer befruchteten Eizellen sind in ihrem Körper gut geschützt und befinden sich in Keimruhe: Das bedeutet, dass sie sich seit der Paarung im Juli und August zwar eingenistet, aber nicht weiterentwickelt haben. Zur Wintersonnenwende wird diese mehrmonatige Keimruhe enden und erst dann beginnt die Eizelle zu wachsen und zu gedeihen. Noch ein zauberhaftes Naturphänomen! Die Biologie bezeichnet es als evolutionären Entwicklungsstopp, der notwendig war, damit sich die Wildtiere an das raue Klima in Europa anpassen konnten. So klug ist die Natur, so vorausschauend und weise.

Während ich an meinem Kaffee mit einer Prise Kardamom nippe und die Rehe beobachte, denke ich über diese Phänomene nach: Vieles davon kennen wir, vieles ist uns noch unbekannt. Die Keimruhe und ihr Ende zur Wintersonnenwende sind in die Genetik der Tiere eingeschrieben. Und unwillkürlich stellt sich mir die Frage, wann wir Menschen den Kontakt zu unserer inneren und äußeren Natur verloren haben. Wann haben wir unsere Instinkte abgelegt und begonnen, uns gegen alles Mögliche zu stemmen, anstatt uns dem, was wir ohnehin nicht beeinflussen können, hinzugeben?

Den Winter kann man mögen oder auch nicht. Aber er ist eine Tatsache. Auch mit noch so viel Willenskraft werden diejenigen, die dem Winter rein gar nichts abgewinnen können, die Kälte nicht in Wärme und den Schnee nicht in einen lauen Sommerregen verwandeln. Aber es gibt andere Optionen, etwa in wärmere Gefilde zu ziehen. Wer jedoch bleibt, sollte aus dem, was er hier vorfindet – vom

Raureif über den ersten Schnee bis zu den dunklen Nächten – das Allerbeste machen. Die Natur regelt sich selbst und wir sind ein Teil davon. Sich dem Fluss des Lebens hinzugeben, hat nichts mit Unterwerfung zu tun, sondern ist ein Zeichen von Klugheit. Das Beste aus den Gegebenheiten zu machen, zeugt von Erfahrung und Lebensweisheit. Wir alle kennen das Phänomen, dass Dinge, die wir verdrängen oder verleugnen, mit ungeheurer Kraft durch die Hintertür zurückkommen und sich in mächtiger Weise vor uns aufbauen. So lange, bis wir nicht mehr wegschauen können. So lange, bis wir kapitulieren und sagen: „Na gut, lass uns das Problem genauer betrachten."

Nennen wir es Evolution oder Anpassung oder viel schöner: Hingabe! Hingabe ans Leben, was mitnichten bedeutet, den eigenen Willen hintanzustellen. Es bedeutet lediglich, nicht mit ungeheuerlicher Anstrengung gegen den Fluss zu schwimmen, unglaublich viel Energie zu verschwenden, um am Ende festzustellen, dass alles nichts gebracht hat und man heillos abtreibt. Weil die Natur ihren eigenen Plan hat, weil das Leben seinen eigenen Plan hat. Sich beherzt in den eisig kalten Fluss zu werfen, die Stromschnellen genauso couragiert zu nehmen wie die Wasserfälle oder Strudel, das wäre ein guter Ratschlag.

So gesehen kann der Winter als Symbol für das ganze Leben betrachtet werden: Ja, es ist möglich, über alles zu lamentieren. Ja, man kann sich dazu entscheiden, unglücklich über die Umstände zu sein. Es ist aber auch möglich, sich dem Leben voller Vertrauen hinzugeben und das Allerbeste daraus zu machen.

Hingabe ans Leben üben

Gibt es Dinge in Ihrem Leben, die verbesserungswürdig sind und die Sie gerne ändern würden? Dann schreiben Sie sie nieder. Markieren Sie dann, was Sie ändern können und was nicht.

Alle Punkte, die nicht mehr veränderbar sind, weil sie etwa weit in der Vergangenheit liegen, haken Sie ab. Vielleicht verbrennen Sie sie einfach zur Wintersonnenwende?

Für alle andere Dinge legen Sie sich einen Plan zurecht und gehen Sie diesen voller Hingabe an. Der Winter bietet Ihnen viel Zeit dafür.

3

Weihnachten

Festlichkeit

„Kurz bevor die Sonne aufgeht,
ist die Nacht am dunkelsten."

Selma Lagerlöf (1858–1940)

„Eines der schönsten Feste feiert die Kirche fast mitten im Winter, wo beinahe die längsten Nächte und kürzesten Tage sind, wo die Sonne am schiefsten gegen unsere Gefilde steht und Schnee alle Fluren deckt, das Fest der Weihnacht."

Adalbert Stifter (1805–1868), Bergkristall

Wintersonnenwende

Wandel

Schön langsam entfaltet sich die Magie der Weihnacht. Die Wintersonnenwende am 21. Dezember bringt die längste Nacht des Jahres mit sich: Die Thomasnacht wird vielerorts als die erste und sogar als eine der wichtigsten Raunächte betrachtet. Sie ist lang und dunkel und damit Spielraum und Projektionsfläche für die eigenen Wünsche. Die Thomasnacht öffnet ihr Portal, damit wir in die Tiefen hinabsteigen, Geheimnisse lüften oder sogar einen Blick in die Zukunft wagen können. Viele Rituale dieser Nacht drehen sich um zukünftige Partnerschaften, Liebeleien und Hochzeiten: So etwa könnte man versuchen, sich verkehrt herum ins Bett zu legen. Wer weiß, ob einem dann nicht der oder die Zukünftige im Traum erscheint. Einen Versuch wäre es wert.

Schon die Kelten feierten die Wintersonnenwende als eines der wichtigsten Sonnenfeste im Jahreskreis. So etwa ist Stonehenge in der englischen Grafschaft Wiltshire perfekt auf den Kreislauf von Sonne und Mond ausgerichtet. Der Steinkreis, dessen Alter auf vier- bis fünftausend Jahre geschätzt wird, ist heute noch zur Winter- und Sommersonnenwende ein Anziehungspunkt für Tausende

Menschen, die gemeinsam den Sonnenzyklus feiern. Die Wiedergeburt des Lichtes im Winter ist ein besonderer Moment, in der sich die Natur scheinbar selbst erfindet, sich neuen Atem einhaucht: Er mutet wie pure Magie an und gleicht unserer Vorstellung eines Perpetuum mobile: Das „sich ewig Bewegende“ kann von Menschenhand nicht erschaffen werden, aber die Natur ist zu solch Zauber in der Lage. Der göttliche Funke, der in jedem Lebewesen zu finden ist, leuchtet auch in der dunkelsten Nacht. Die Kelten hielten die Natur – jeden Strauch, jeden Baum, jeden Stein – für beseelt und in der Thomasnacht visualisiert sich diese Vorstellung deutlich.

Die Wiedergeburt des Lichtes findet sich in der christlichen Tradition als Geburt Jesu. Das Licht und die Wärme, ohne die es keine Fruchtbarkeit und keine Weiterentwicklung gäbe, bestimmen den Fortbestand des Lebens. Die Sonne steht für Hoffnung, Neubeginn und damit für die Zukunft. Der Blick darf nach vorne gerichtet werden: Visionen dürfen entstehen, Pläne geschmiedet werden. Ein neuer Jahreskreis beginnt und er wird mit der Geburt eines Kindes gefeiert. Die Wintersonnenwende läutet zu einem Zeitpunkt, in dem die Nächte am dunkelsten sind, eine neue Ära ein. Sie schenkt uns die Hoffnung, dass diese Magie sich auch in unserem Leben immerfort und zu jedem Zeitpunkt entfaltet: Dann, wenn wir uns ausschließlich von

Kälte und Dunkelheit umgeben fühlen, eröffnet sich eine neue Perspektive. Dann funkelt irgendwo ein kleiner Stern oder es strahlt uns die Sonne entgegen. Die einzige Voraussetzung, damit sich diese Magie entfalten kann, ist unsere eigene Offenheit dafür. Die Erwartung, dass das Gute passieren wird, zieht das Gute bereits an.

Zur Wintersonnenwende erreicht der Nordpol seinen maximalen Neigungswinkel und damit die größtmögliche Entfernung von der tief stehenden Sonne. In meiner Heimatstadt dauert die längste Nacht des Jahres 14 Stunden und 24 Minuten, seit der Tag-und-Nacht-Gleiche am 23. September wurden die Tage stetig kürzer. Ab der Wintersonnenwende „dreht" der Tag wieder, wie wir es nennen, wobei sich das lange nicht bemerkbar macht. Die Tage werden in den ersten Wochen nur wenige Sekunden länger. Hinzukommt, dass der Sonnenaufgang in den nächsten Tagen sogar noch später stattfindet und sich der länger werdende Tag in Richtung Abendstunden ausdehnt. Der 21. Dezember bezeichnet den astronomischen Winterbeginn, auch wenn es draußen ganz anders aussieht: Der erste Schnee ist wieder weg – wie so oft in den letzten Jahren hat es zu Weihnachten Tauwetter und Föhn. Der Garten liegt wie entkräftet und entkleidet: Er wirkt wie eine Prinzessin, der man das weiße Pelzjäckchen am Ende einer langen Nacht gestohlen hat. Statt des kristallenen Glitzerns ist es die nackte Erde, die wie entblößt wirkt: Grüne Blätter lugen zwischen verdorrten Gräsern im gelblich-erfrorenen Rasen hervor. Die Natur wirkt angeschlagen und erschöpft, alles andere als perfekt. Nun ist nicht die Zeit, um Großes zu vollbringen: Höchstleistungen sind zu diesem Zeitpunkt des Jahreskreises nicht vorgesehen und es scheint mir als ein weiser Rat, dass auch wir Menschen uns daran halten sollten.

Die Wintersonnenwende ist ein wunderbarer Zeitpunkt, um auch bei uns einen Wandel einzuläuten. So habe ich es mir zum Ritual gemacht, per 21. Dezember die Arbeit zu beenden. Um tief durchzuatmen und vor dem Fest noch zur Ruhe zu kommen. „Eile mit Weile" heißt es, und wer Michael Endes „Momo" gelesen hat, weiß, dass man umso effizienter vorankommt, wenn man dies mit langsamen Schritten tut. Diese Tage vor Weihnachten gestalte ich mir ganz bewusst als geruhsame Zeit, in der ich mich dem bevorstehenden Fest widme und darauf einstimme. Es ist eine geschenkte Zeit. Ein Geschenk, das ich mir selbst bereiten kann und für das ich überaus dankbar bin.

Rituale für die Thomasnacht

Während in den Alpen die Sommersonnenwende mit großen Feuern auf den Bergen gefeiert wird, gibt es diese Tradition zur Wintersonnenwende nicht. Dabei würde die Sonne im Winter ein Vielfaches an Unterstützung benötigen.

- Zünden Sie am Abend der Thomasnacht eine Kerze an – am besten sicher in einer Laterne oder in einem Windlicht – und sprechen Sie laut aus, was Sie in diesem Jahr zurücklassen möchten. Was darf in dieser Thomasnacht enden? Stellen Sie die Laterne in Ihren Garten, auf den Balkon, vor die Haustür oder ins Fenster. Löschen Sie sie erst am nächsten Morgen bei Tageslicht aus.

- Achten Sie heute Nacht auf Ihre Träume! Und egal, was Sie träumen oder mit welchem Gefühl Sie erwachen, notieren Sie beides. Unser Unterbewusstsein folgt keiner Logik. Verwahren Sie die Notiz und holen Sie sie zur Sommersonnenwende am 21. Juni wieder hervor. Gönnen Sie sich diese Überraschung, die auch ein großer Spaß sein kann.

- Begrüßen Sie den 22. Dezember mit offenen Armen! Vielleicht sogar mit einer ungewöhnlich großen Geste, indem Sie sich ans offene Fenster stellen oder vor die Tür treten, die Arme weit ausbreiten und laut sagen: „Ich erwarte das Gute!“ Wer weiß, ob das nicht gleich die gewünschte Wirkung erzielt? Einen Versuch wäre es durchaus wert!

Christbaum

Rituale

Das Vogelhaus im Garten ist gut besucht: Die kleinen gefiederten Gäste brauchen nun das Kraftfutter aus Samen und Körnern besonders dringend, denn in der Natur ist kaum noch etwas zu finden. Vor allem in den Morgen- und späten Nachmittagsstunden finden sich Spatzen, Spechte, Finken und Amseln an den Futterstellen ein: Ihr Ansinnen ist es, gut zu überwintern. Die Tage werden – in kleinen Mückenschritten – länger, bald bricht das neue Jahr an und bringt die Paarungszeit der Vögel mit all ihren Balztänzen und Ritualen mit sich. Was für eine Perspektive!

In den eigenen vier Wänden wird es zunehmend festlich: Kisten werden vom Dachboden geholt, aus ihnen Engel, Kugeln und Zapfen hervorgezaubert. Die kleine Krippe wird entstaubt, der Christbaumständer gesucht. Geschenke werden unter Sofas und in Schränken versteckt und nur durch hervorlugendes Geschenkpapier und Samtschleifen verraten. Kekse werden gebacken, manchmal auch Kletzenbrot aus gedörrten Birnen, Haselnüssen und Datteln. Das traditionelle Früchtebrot schmeckt umso besser, je länger es liegen darf und durchziehen kann. Der erste Laib wird dennoch gleich angeschnitten. Ähnlich verhält es sich mit den Keksen: Wie kommt es, dass sie jetzt – im Advent – am allerbesten schmecken? Selbst die geheimsten Verstecke werden ausgeforscht, um den süßen Schatz zu heben. Alles Verbotene macht umso größere Lust!

Die Vorweihnachtszeit ist eine wunderbare Zeit, gespickt mit Ritualen: Der Besuch der frühmorgendlichen Rorate gehört für viele Menschen ebenso dazu wie das Schneiden der Barbarazweige oder das Schreiben von Karten. Pünktlich mit dem ersten Schnee hole ich meine dreißig Jahre alte Füllfeder aus der Kommode, meine schönsten Weihnachtskarten und das Adressbuch. Welch wunderbar analoges Vorgehen! Ja, es braucht Zeit, um diese Karten zu schreiben. Man könnte einwenden, dafür keine Zeit zu haben. Und man könnte dagegenhalten, dass man sich diese Zeit nur allzu gern nehmen möchte. Weil es guttut, diese Zeilen zu Papier zu bringen. Weil damit gemeinsame Momente mit lieben Menschen in Erinnerung gerufen werden, weil die Freude über die Freundschaft und die Vorfreude auf das nächste Wiedersehen gestärkt werden. Weil echte Beziehungen nur entstehen, wenn man aufeinander Bezug nimmt. Ähnlich ergeht es mir auch beim Kochen: Während ich den ganzen Tag in der Küche stehe, Blaukraut hoble, Semmelknödelteig knete und die Gans begieße, bin ich in Gedanken bereits bei den Menschen, die sich heute Abend um unseren Tisch versammeln werden. Ich koche für sie – ganz bewusst und in der Hoffnung, dass man die Zuneigung, die ich zu ihnen hege, am Ende auch schmecken wird. So ist es auch mit dem Kartenschreiben: Würde ich keine Weihnachtspost mehr schreiben, würde mir etwas fehlen. Alljährlich binde ich eine Girlande aus Tannenzweigen, an der die Karten ihren

Platz finden. Manchmal sind es mehr, manchmal weniger. Glück verdoppelt sich, wenn man es teilt. Karten vermehren sich, wenn man sie schreibt.

Eines der wohl innigsten Rituale in der Vorweihnachtszeit ist das Aufstellen des Christbaumes: Ähnlich wie beim Adventkranz wird mit dem duftenden Baum die Natur in die eigenen vier Wände geholt. Die grünen Zweige symbolisieren die Hoffnung, vor allem verströmen sie aber diesen intensiven, herben Duft des Waldes. Seit Beginn des 19. Jahrhunderts kennt man den Christbaum in Österreich. Zur Zeit des Wiener Kongresses wurden die ersten Bäume in Wien aufgestellt – ein Brauch, der aus protestantischen Regionen Deutschlands nach Österreich kam. Werden in anderen Ländern, etwa im anglo-amerikanischen Raum, die Tannenbäume bereits viele Wochen vor Weihnachten aufgestellt und geschmückt, passiert das bei uns erst knapp vor Weihnachten, meist nur ein, zwei Tage vor oder sogar erst am Tag des Festes selbst. Am Abend des 24. Dezember werden die Kerzen und Lichter am Baum erstmals entzündet und in seiner geschmückten Pracht erhellt der Christbaum den ganzen Raum. Es ist einer der ganz großen Weihnachtsmomente.

Schon das Schmücken des Baumes ist ein wunderbares Ritual, das zelebriert wird: Ein Glas Rotwein eingeschenkt und aus dem Lautsprecher erklingt Wolfgang Ambros' „Weihnachten wie immer" oder Joshs „Weihnachten in Wien". Alljährlich wieder freue ich mich über den Christbaumschmuck in den Schachteln: Es ist, als würde ich alte Bekannte wiedersehen. Jedes Stück erzählt eine eigene Geschichte: Der rosafarbene Weihnachtsmann aus den 1960er-Jahren stammt aus Basel, die silberne Kugel von

einer verstorbenen Tante. Die Porzellanglocke erinnert mich an unsere Hochzeitsreise ins winterliche Norwegen und der Gamsbock darf ganz oben auf den Baum, weil diese höchste Region seinem natürlichen Lebensraum entspricht. Sie alle werden freudig begrüßt! Aus Skandinavien kommt im Übrigen der Trend, nicht die prachtvollsten Tannen und Fichten als Christbaum auszuwählen, sondern die schmalen, weniger schönen und geradezu mickrigen Exemplare. Als Verneigung vor der Individualität und weil nichts im Leben perfekt ist: weder wir noch der Christbaum.

Das Schmücken des Christbaumes ist wie viele andere Rituale im Vorfeld des Festes ein wahrer Seelenschmeichler. Rituale bieten Orientierung und machen uns unsere Herkunft bewusst. Und sie tragen zu Gemeinschaft bei: Wie oft wird aus dem traditionellen Anglöckeln ein lustiger Abend, der bis tief in die Nacht dauert? Nach dem Krampuskränzchen steht man noch ewig am Feuerkorb zum Plaudern. Nicht selten wird nach der frühmorgendlichen Messe noch ein gemeinsames Frühstück für die Kirchgängerinnen und Kirchgänger angeboten und für kurze Zeit vergisst man die Zeit selbst.

Bräuche lassen erkennen, wem oder was wir uns zugehörig und verbunden fühlen. Rituale hingegen sind so wandelbar wie wir selbst. Erscheinen die altüberlieferten nicht mehr stimmig, können wir neue begründen. Solche, die besser zu unseren Lebenssituationen und Bedürfnissen passen. Warum den Christbaum verstecken, wenn es keine kleinen Kinder mehr im Haus gibt? Warum Würstel servieren, wenn wir lieber Curry essen? Alles, was uns selbst guttut und für uns Sinn macht, ist erlaubt. Basteln und backen wir uns neue Rituale, die uns glücklich machen und mit denen wir unsere Bedürfnisse zu fassen bekommen.

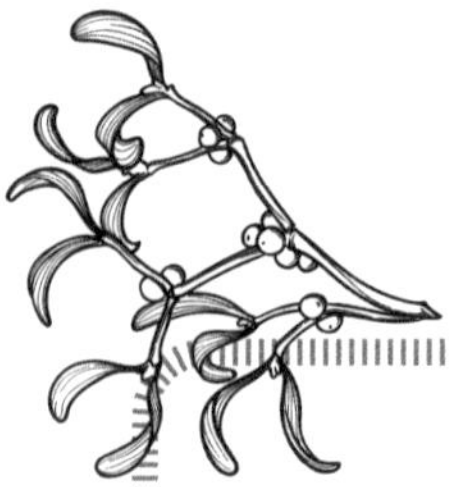

Rituale neu entwickeln

Überlegen Sie für sich, welche (vor)weihnachtlichen Rituale nicht mehr zu Ihrem Leben oder den aktuellen Umständen passen oder vielleicht nie gepasst haben. Befreien Sie sich von Ihnen! Im Gegenzug dazu bietet es sich an, neue Rituale zu entwickeln, die Ihren wahren Bedürfnissen entsprechen. Sie können traditionell oder völlig unorthodox sein – alles ist erlaubt!

In vielen Fällen betreffen Rituale jedoch nicht nur einen selbst, sondern auch andere Menschen. Damit fällt es oft schwerer, an Traditionen zu rütteln, denn „das haben wir ja immer schon so gemacht“. Sprechen Sie mit den anderen Menschen ganz offen darüber, dass Sie etwas ändern möchten. Sie werden erstaunt sein, wie entwaffnend absolute Ehrlichkeit ist und wie Menschen darauf reagieren. Oft erfährt man erst in diesem Moment, dass man mit seinen Empfindungen und Bedürfnissen nicht allein ist.

Wunder

Begegnung

Folgende Geschichte beruht auf einer wahren Begebenheit. Sie trug sich vor etwa zwanzig Jahren zu und wurde mir bei einem gemütlichen Adventfrühstück erzählt. Und zwar von meinem Mann. Er begann seine Erzählung damals mit den Worten: „Du wirst nicht glauben, was mir heute Nacht passiert ist."

Es ist kurz vor ein Uhr morgens. Und zwei Tage vor Weihnachten. In den Bergen fällt der Schnee vom nächtlichen Himmel, genauso wie es sich gehört. Nicht diese lächerlich kleinen, nassen Flocken, die man aus den Großstädten kennt, sondern große, kristallförmige Schneeflocken: Weiß und bedächtig fallen sie auf die Windschutzscheibe und werden stetig von den leise ziependen Scheibenwischern über den Rand geschoben.

Die weißen Gipfel im Salzburger Pinzgau reflektieren das wenige Licht dieser Winternacht: Es sind kaum Autos auf den Straßen. Alle haben jetzt zu tun: schmücken den Christbaum, verpacken die letzten Geschenke oder liegen längst in ihren Betten. Und träumen davon, dass es das Christkind wirklich gibt. Ein alter Volvo mit mehr als

290.000 Kilometern unter der Motorhaube schnurrt durch die winterliche Nacht. Langsam, gemächlich – wie das alte schwedische Autos scheinbar immer schon tun. In ihm: ein Zauberer. Auf dem Nachhauseweg von seinem letzten Engagement vor Weihnachten. Und guter Dinge: Die Hotelgäste waren bester Laune gewesen, der Auftraggeber ebenso. Gemeinsam haben sie noch auf das bevorstehende Fest angestoßen. Dann stieg er ins Auto: voller Vorfreude auf die ruhigen Festtage.

Nun rollt er gemächlich über die schneebedeckte Fahrbahn, ein einziges Auto kommt ihm entgegen. Und der Nachhauseweg könnte so einfach, zügig und unkompliziert verlaufen, würde er da nicht dieses Winken am Straßenrand entdecken. Ein roter Stab wird in der Luft geschwenkt. An dessen Ende hängt ein Arm und an dessen Ende wiederum ein ganzer Mensch: ein Polizist. Dein Freund und Helfer. Und der letzte Mensch, den er an diesem Abend noch sehen will.
Resigniert geht der Mann, der nun kein Zauberer mehr ist, sondern nur noch ein nächtlicher Autofahrer, vom Gas, tippt auf die Bremse und lenkt den Wagen an den Straßenrand. Zeitgleich wogt ein rauschender Bach an Adrenalin durch seinen Körper: Bin ich zu schnell gefahren? Bin ich angeschnallt? Wo sind meine Papiere? Ist ein Gläschen Wein zu viel? Hätte ich doch meine Kennzeichenbeleuchtung reparieren lassen! Warum trage ich meine Brille nicht?

In dem Moment, in dem das Auto zum Stillstand kommt, er den Motor ausmacht, den Gurt löst und die Tür öffnet, setzt er anstandshalber und pflichtbewusst sein berufsbedingtes Lächeln auf: souverän, professionell. Sein linker Fuß versinkt sekundenschnell im Schneematsch. Kälte und

Nässe schleichen sich im Handumdrehen durch die feine Ledersohle, die Zehen ziehen sich erschrocken zurück. Die romantische Winternacht weicht der schnellen Erkenntnis, dass – wer Polizist ist – hart im Nehmen und keine Frostbeule sein darf.

„Grüß Gott, die Papiere bitte“, sagt der Polizist und lugt unter seiner Kappe hervor. Im dichten Schneetreiben ist sein Gesicht kaum auszumachen.
„Grüß Gott. Hier bitte“, antwortet der Zauberer, anstatt „Du hast mir grade noch gefehlt“, und drückt ihm Führerschein und Zulassung in die Handschuhe.
„Wo kommen'S denn her?“, brummt der Beamte in die Nacht, ohne den Blick zu heben.
„Vom Zaubern aus dem Hotel vorn am Ortseingang“, antwortet der Zauberer zögernd, aber wahrheitsgemäß. Kurz hatte er überlegt, eine ganz und gar unverfängliche Antwort zu geben, wie etwa „Vom Fußball schauen“ oder „Vom Adventsingen meiner kleinsten Tochter“.

Er kennt die unberechenbaren Reaktionen auf die Frage nach seiner Berufstätigkeit und scheut immer wieder davor zurück, sich als Zauberer auszugeben. Und so sucht er auch jetzt nach einer Regung in dem geröteten Gesicht seines Gegenübers. Derweilen inspiziert dessen Kollege den brummenden Volvo, der zu seufzen scheint.
„Ham'S was trunken?“, lässt der Polizist nicht locker und verbirgt weiterhin jede Regung. Scheint aber einen Alkotest bei einem Mann, der sich als Zauberer ausgibt, nicht für undenkbar zu halten.
„Ein Glas Rotwein“, gibt der Zauberer zu, anstatt zu sagen: „Pack' dich zusammen, ich will nach Hause.“

„Und wie waren die Leute heute so drauf, als Sie gezaubert haben?", fragt der Polizist, hebt den Kopf und blickt ihm geradewegs in die Augen. Und plötzlich huscht da ein Lächeln über sein Gesicht.
Zum ersten Mal fehlen dem Zauberer die Worte. Überraschung liegt in der Luft. Erstaunen. „Gut war's", antwortet er zaudernd, aber wieder mit fester Stimme. „Viel los ist halt jetzt vor Weihnachten, aber die Leute sind gut drauf."
„Und was zaubern'S da so?", die Augen des Beamten funkeln neugierig unter der Kappe, die zuvor so undurchdringbar erschien.

Mit einem Mal ist das Gesicht eines kleinen Jungen zu erahnen, der noch ans Christkind glaubt. Und der die Zauberei nicht verdächtig, sondern einfach nur magisch findet. Der als Kind vor Weihnachten durchs Schlüsselloch spähte, um einen Blick aufs Christkind zu erhaschen. Der noch staunen konnte, wo andere eine Erklärung verlangten. Der sogar jetzt noch an Zauberei zu glauben scheint und Spaß daran hat, nicht alles mit seinem Verstand zu begreifen. Sondern die Dinge aus dem

Herzen erfasst. Und die Welt einfach nur sieht, ohne sie zu hinterfragen.

Der Zauberer erkennt seine Chance, verschwendet keinen Gedanken mehr an die nassen Lederschuhe und die kalten Füße. Er öffnet den Kofferraum, schiebt den Verbandskasten zur Seite, denkt „meine Warnweste hab' ich auch nicht dabei" und holt ein Päckchen Karten hervor. Dann beginnt er zu zaubern. Mitten in der Nacht. Mitten auf der Straße. Mit einem Polizisten, der sich für einige Minuten in einen kleinen Jungen verwandelt und für ein paar Kunststücke seine Pflicht vergisst.

Für einen Moment hält der Flockenwirbel inne. Grade da, wo das Kunststück seine magische Wirkung entfaltet. Würden der Zauberer und der Polizist in diesem Augenblick die Köpfe heben und zum Himmel blicken, würden sie die Umrisse des Christkinds in den Wolken erkennen. Inmitten einer dunklen Winternacht in den Bergen kurz vor Weihnachten hat es heimlich geschmunzelt.

Buchteln

Liebe

Schon das Erwachen an diesem Morgen ist ein anderes. Es ist der 24. Dezember und wir feiern Weihnachten. Für viele Menschen ist es das allerschönste Fest im Jahr. Nun ist der Heilige Abend nicht mehr weit und dieser Tag, in dessen Abendstunden das Christkind kommt, hat seinen ganz eigenen Rhythmus. Jede Bewegung, jeder Handgriff, jeder Atemzug fühlt sich heute anders an: voller Erwartung und Vorfreude. Alles scheint beseelt, als läge ein großes Geheimnis in der Luft. Die Wahrnehmung an diesem Tag ist geschärft: Ich nehme jede Bewegung überdeutlich war. Aus der Distanz und dennoch ganz bei mir selbst.

Der 24. Dezember wurde in unserer Familie als nicht allzu strenger Fastentag begangen: eine Milzschnittensuppe zu Mittag, Buchteln am Abend. Heute wissen wir, dass sich der Genuss intensiviert, wenn wir zuvor auf übermäßiges Essen verzichten. Und so ist auch der Geschmack von Weihnachten intensiv, besinnlich und unsere Sinne be-rührend. Der Duft einer ausgelöschten Wachskerze, der dunkle Geruch des Tannengrüns, die ersten Brocken Weihrauchharz auf der Kohle: In Sekundenbruchteilen zündet das limbische System. In diesem Teil unseres Gehirns sind unsere Erinnerungen abgespeichert, es ist der Sitz unseres Unterbewusstseins und unserer Gefühle. Und es ist eng mit unserer Nase verbunden: Prägende Gerüche, wie wir sie vor allem in unserer Kindheit erfahren und abspeichern, holen Erinnerungen aus den Tiefen unseres Unterbewusstseins. Und irgendwo tief unten ist Weihnachten gespeichert.

Am Heiligen Abend zünde ich bereits am Morgen die erste Kerze an. Im Haus herrscht eine fast greifbare Ruhe, eine friedliche Stimmung, von der sogar die Katzen erfasst scheinen. Sie sind kugelrund! Mit ihrem glänzenden Fell und den großen, klaren Augen sehen sie aus, als hätten sie sich extra für das Fest herausgeputzt. So schön sind Katzen nur an Weihnachten!
Bevor ich den Germteig für die Buchteln vorbereite, lege ich das erste Räucherwerk aufs Stövchen: kostbare Tropfen Harz von omanischem Weihrauch, Styrax und heimischer Fichte. Ich drehe eine kleine Runde durchs Haus und stelle das restliche Harz auf der glühenden Kohle vor die Tür. Ich möchte, dass der ganze Garten vom Duft des Rauchs durchströmt wird und dass der Wind ihn weiterträgt: zu den Nachbarn, in die Welt. Zudem habe ich die Erfahrung gemacht, dass der Germteig nach dem Räuchern so perfekt aufgeht, wie er das niemals sonst tut. Es könnte auch am Luftdruck liegen, woran ich aber nicht recht glauben mag.

Während ich in der Küche werkle, stehen die traditionellen Festungs-Prangerstutzen-Schützen auf der Kuenburgbastei der Festung Hohensalzburg: Das Christkindlanschießen um die Mittagszeit ist ohrenbetäubend laut und könnte einschüchtern, doch das tut es nicht. Den Salzburgerinnen und Salzburgern ist es ein geliebtes Ritual – sozusagen der feierliche und lautstarke Startschuss in die ruhige Zeit. Mehrere hundert Jahre gibt es das Schießen auf der Festung: Es drückt die Freude ob der Geburt des Christkindes und der bevorstehenden Weihnachtszeit aus. Dieses Ritual wird auch in anderen Orten ausgeübt und dem Lärmbrauchtum zugeordnet. Denn der Winter war immer auch eine Zeit, in der der Aberglaube und die Angst vor bösen Geistern gediehen. Der Lärm der Böller sollte die dunklen Mächte vertreiben. Das Christkind kommt dabei nicht zu schaden, ausschließlich das eigene Herz hüpft ein wenig höher.

Das große Mahl wird es erst morgen, am ersten Weihnachtstag geben. Heute begnügen wir uns mit Kleinerem. Der 21. Dezember war zu früheren Zeiten der Tag, an dem ein Schwein geschlachtet wurde, das allein für Weihnachten gemästet worden war. Fleisch war eine Kostbarkeit, die es das ganze Jahr so gut wie nie gab. Frische Würstel und Mettensuppe gehören noch heute vielerorts zum traditionellen Essen am 24. Dezember, das oft schlicht gehalten wird. Unwillkürlich denke ich an Ion und Florina, die mittlerweile in ihre rumänische Heimat zurückgekehrt sein werden. Sie erzählten mir von ihrem Wunsch, an Weihnachten ein Schwein zu schlachten und ich hoffe sehr, dass sie mit dem Verkauf der Straßenzeitung so viel Geld zusammenbekommen haben, dass sie sich diesen Wunsch erfüllen können.

Wie weit sind die beiden mit ihrer Familie vom Luxus und Konsum entfernt, an den wir gewöhnt sind? Und dennoch braucht es diesen gar nicht! Natürlich freuen wir uns alle über Geschenke, aber es sind die Kleinigkeiten, die glücklich machen. Die mit Äpfeln geschmückte Tanne, die wir auf einem Spaziergang im Wald entdecken. Das traditionelle Weihnachtsschnapserl, das wir an der Tür unserer Nachbarn trinken. Das Telefonat mit meinem ältesten Freund, an dessen Ende wir uns „Frohe Weihnachten" wünschen und verabschieden, als läge zwischen dem Jetzt und dem Später ein großes Ereignis.

Wenn es dann langsam dunkel wird und ich die Buchteln ins Rohr schiebe, wird mir festlich zumute. Weihrauch und Weihwasser stehen bereit: Es ist die erste Raunacht. Ich liebe diese mystische Zeit. Die drei bedeutenden Raunächte – die Heilige Nacht, der Silvesterabend und die Nacht auf Dreikönig – haben jede für sich eine starke Botschaft: Am 24. Dezember ist es für mich die Botschaft der vollkommenen Liebe.

Schon in ein paar Tagen werde ich meinen lieben Freund wieder anrufen, um ihm ein gutes neues Jahr zu wünschen und wir werden uns gegenseitig fragen: „Wie war Weihnachten?" Die Antworten sind jedes Jahr die Gleichen: „Schön", „Unspektakulär", „Gemütlich".

Nichts Großartiges ist passiert und dennoch hat es sich groß angefühlt. Warum das so ist? Weil dazwischen eine besondere Nacht lag, die uns – ob wir wollen oder nicht – seltsam berührt. Denn die Liebe lässt niemanden unberührt.

Buchteln, wie ich sie aus meiner Kindheit kenne

Zutaten für ca. 15–20 Buchteln

250 ml Milch
80 g Butter
500 g helles Weizen- oder Dinkelmehl
30 g frischer Germ
1 EL Rohrohrzucker
1 Prise Salz
eventuell 1 EL Vanillepudding-Pulver
1 Bio-Ei
abgeriebene Schale einer Bio-Zitrone
1 Schuss Rum
eine Handvoll Zucker
Marmelade nach Belieben (Zwetschke, schwarze Johannisbeere, Marille etc.) zum Befüllen
120 bis 150 g Butter für die Form

Zubereitung

Die Milch in einem Topf vorsichtig erwärmen und die Butter darin zerlassen. Mehl in eine große Rührschüssel geben, Germ, Zucker und Milch-Butter-Mischung unterrühren, sodass ein sogenanntes „Dampferl" (Vorteig) entsteht. Dieses abdecken und etwa 20 Minuten gehen lassen, bis sich an der Oberfläche Risse gebildet haben.
Danach alle weiteren Zutaten wie Salz, Pudding-Pulver, Ei, Zitronenschale, Rum und Zucker untermischen und den Teig geschmeidig schlagen oder mit den Knethaken des Handrührgeräts bearbeiten. Etwas Mehl auf den Teig stäuben und mit einem Geschirrtuch abdecken, bis sich nach einer guten Stunde das Volumen verdoppelt hat.

In einem hitzebeständigen Topf oder in einer Auflaufform (ca. 25 x 25 cm) die Butter zerlaufen lassen.
Von dem aufgegangenen Teig mit einem Esslöffel eigroße Stücke abstechen und diese auf einem bemehlten Brett flach drücken. In die Mitte eines jeden Teigstücks einen Teelöffel Marmelade setzen und den Teig rundherum gut festdrücken, um die Buchtel zu verschließen.
Jede Buchtel in der zerlaufenen Butter wälzen und mit dem Teigverschluss nach unten in den Topf setzen. Die locker geschlichteten Buchteln sollen die Auflaufform bzw. den Topf ausfüllen.
Backrohr auf 175 Grad (Ober-/Unterhitze) vorheizen. Die Buchteln noch einmal 10 Minuten gehen lassen und dann im Rohr gut 25 Minuten backen.

Noch warm mit selbst gemachtem Apfelkompott servieren.

Ich danke Gott und freue mich

Ich danke Gott, und freue mich
Wie's Kind zur Weihnachtsgabe,
Dass ich bin, bin! Und dass ich dich,
Schön menschlich Antlitz! habe;

Dass ich die Sonne, Berg und Meer,
Und Laub und Gras kann sehen,
Und abends unterm Sternenheer
Und lieben Monde gehen.

Und dass mir dann zumute ist,
Als wenn wir Kinder kamen
Und sahen, was der heil'ge Christ
Bescheret hatte, Amen!

Ich danke Gott mit Saitenspiel,
Dass ich kein König worden;
Ich wär geschmeichelt worden viel
Und wär vielleicht verdorben.

Auch bet' ich ihn von Herzen an,
Dass ich auf dieser Erde
Nicht bin ein großer reicher Mann,
Und wohl auch keiner werde.

Denn Ehr' und Reichtum treibt und bläht,
Hat mancherlei Gefahren,
Und vielen hat's das Herz verdreht,
Die weiland wacker waren.

Denn all das Geld und all das Gut
Gewährt zwar viele Sachen;
Gesundheit, Schlaf und guten Mut
Kann's aber doch nicht machen.

Und die sind doch, bei Ja und Nein!
Ein rechter Lohn und Segen!
Drum will ich mich nicht groß kastei'n
Des vielen Geldes wegen.

Gott gebe mir nur jeden Tag,
Soviel ich darf zum Leben,
Er gibt's dem Sperling auf dem Dach;
Wie sollt' er's mir nicht geben!

Matthias Claudius
(1740–1815)

Heiliger Abend

Göttlichkeit

Da liegt es nun, das Neugeborene in der Krippe. Der Heiland, der Retter in der Not, der Messias, das Christkind. Es sind große Worte, die beschreiben, dass Gott seinen eigenen Sohn auf diese Welt geschickt hat, in der Freude und Leid stets nebeneinander bestehen. In der nichts und niemand das Glück gepachtet hat und wir darauf vertrauen müssen, dass die Zeit die Wunden heilt.
Es ist eine Nacht des ganz großen Wunders. Dennoch verstehen wir vieles davon nicht oder nicht mehr, weil wir uns – um etwas zu verstehen – intensiv damit auseinandersetzen müssten. Dafür nehmen sich viele von uns nicht die Zeit oder es ist uns einfach nicht wichtig genug. Bemerkbar macht sich das Ganze aber dennoch: in der fehlenden Gefühlstiefe, in der fehlenden Freude, die kleine Kinder noch so intuitiv spüren. Das einstige Staunen ist einem Gefühl gewichen, das sich ausdrückt in den Worten: „Ach ja, schon wieder Weihnachten."

Viele Menschen leiden besonders zu Weihnachten an Wehmut, Trauer oder Melancholie. Es ist, als würden an Weihnachten alle Gefühle freigelegt. Das Fest dreht sich damit

ausschließlich um die eigenen Empfindungen. Es dreht sich nicht mehr um die Geschehnisse dieser Nacht, um die Geburt des Kindes, die ausschließlich Freude hervorrufen kann. Denn hat nicht jedes Lebewesen – unabhängig vom eigenen Schicksal – verdient, auf dieser Welt begrüßt zu werden? Weil da ein Wille sichtbar wird. Der Wille des Lebens, sich zu manifestieren: ob als Schneerose, als Esel oder als Mensch. Das Leben der anderen zu huldigen und zu ehren, bedeutet, sich selbst und sein Leben zu huldigen und zu würdigen. Man muss es nicht tun, aber es könnte ein Beitrag zum eigenen Seelenheil sein.
Ebenso heilsam könnte es sein, diese Heilige Nacht dafür zu nutzen, um uns mit der Welt, dem eigenen Leben und dem oft harschen Schicksal zu versöhnen. Die Gegebenheiten anzunehmen und sie, auch wenn es schmerzt, zu akzeptieren, so wie sie sind. Das Fest lädt in besonderem Maße dazu ein, das Leben zu würdigen. Die einen tun das voller Freude, Leichtigkeit und Dankbarkeit. Anderen fällt es schwer, weil sie sich einsam und ungerecht behandelt fühlen. Weil sie sich das Leben anders vorgestellt haben. Aber geht es an Weihnachten nicht vorrangig um die Botschaft des Lebens und um dieses Wunder, „dass wir sind, sind!“, um bei den Worten von Matthias Claudius zu bleiben?

Das Christkind, das so schutzlos in der Krippe liegt, wird einen schweren Leidensweg vor sich haben. Wer möchte mit ihm tauschen? Doch an Weihnachten wiegt nur die Geburt dieses Kindes: Nicht sein Weg, nicht sein Schicksal, sondern sein Ankommen im Hier und Jetzt. In einem kleinen schäbigen Stall, in dem sich die ganze Welt versammelt: Die Gestirne leuchten den Hirten den Weg. Die Tierwelt ist vertreten durch Ochs, Esel, Schafe und Lämmer. Jesus ist auf Stroh gebettet, dessen Getreidekörner die

Menschen nährt. Von den Königen noch keine Spur! Und so armselig diese Szenerie auf den ersten Blick erscheint, so viel Reichtum wird auch darin sichtbar. Der ganze Stall ist bis oben hin mit Liebe und Zuneigung gefüllt. Und es wird deutlich, dass hier vorgesorgt wurde, dass ein göttlicher Plan dahintersteckt und dieser göttliche Plan gilt auch für uns. Selbst wenn der Blick durch die eigene Küche oder das Wohnzimmer ein anderer ist. Vielleicht flackert am Weihnachtsabend nur einsam das Fernsehgerät, anstatt dass sich die ganze Familie am Tisch versammelt. Vielleicht wird gestritten anstatt gesprochen und gespielt. Vielleicht fühlt man im Herzen nur Einsamkeit und Enttäuschung anstatt Trost und Geborgenheit.
Was soll das für ein göttlicher Plan sein, wird sich so manch einer fragen. Wie soll da Weihnachtsstimmung aufkommen? Und hier kommt erneut die Verantwortung dazu: Handlungsspielräume eröffnen sich, indem wir aktiv werden. Indem wir uns den Weihnachtsabend genauso gestalten, wie es das Leben gerade zulässt. Vielleicht in diesem Jahr ohne Kinder, ohne Freundinnen und Freunde. Vielleicht mit weniger Geld und ganz ohne Geschenke. Aber ein bisschen was geht immer. Gut für sich vorzusorgen wäre das Gebot dieses Festes: Denn Weihnachten kommt nicht unverhofft oder spontan. Hoffen ist erlaubt, handeln ist besser!

Auch Maria und Josef sind bei ihrer vergeblichen Suche nach einer Unterkunft nicht zusammengebrochen. Sie haben sich nicht selbst betrauert, die Schuld bei jemand anderem gesucht oder sind in völlige Handlungsunfähigkeit verfallen. Sie haben das Beste aus dieser Verzweiflung gemacht: Sie haben sich einen Stall gesucht, in dem zwei große Tiere für ein wenig Wärme sorgten. In dem es zumindest ein Lager aus Stroh gab. Nicht die besten Voraussetzungen für einen guten Start ins Leben. Das kann ja gar nicht gut gehen, mögen manche denken. Oder: Dass das gut geht, grenzt an ein Wunder. Und ja, das tut es!

Weihnachten lehrt uns Vertrauen. Dass es einen größeren Plan gibt, der es gut mit uns meint. So wie Matthias Claudius es in seinem berührenden Gedicht beschreibt, ist ja auch für den Spatz auf dem Dach gesorgt. Warum also sollte nicht auch für uns gesorgt sein?
Nein, dieser Plan ist nur selten durchschaubar. Manchmal erhaschen wir einen Blick auf das größere Ganze, aber meist bleibt alles nebulös und undurchsichtig. Daher gilt es umso mehr, im Vertrauen zu bleiben, wie es einer Freundin von mir so gut gelingt, von der folgender Satz stammt: „Aber das Leben meint es immer gut mit uns.“ Sie spricht ihn aus und ist im tiefsten Innersten davon überzeugt. Ihr Weg war und ist kein einfacher. Aber ihr Vertrauen ins Leben ist stark und fest und sie sagt: „Man sollte Entwicklungen annehmen, anstatt dem Verlorengeglaubten hinterherzutrauern.“
Weihnachten feiert sie jedes Jahr aufs Neue mit großer Hingabe und erfüllt von tiefer Liebe – zu sich selbst, aber auch zu anderen: „Schon in der Vorweihnachtszeit begegnet mir ein Wunder nach dem anderen: Es sind verbindende Blicke zwischen Fremden, ein gemeinsames Lachen, ein unverhofftes Gespräch.“
Und von ihr kommt auch ein wundervoller Rat für den Heiligen Abend: „Weihnachten darf sich von Jahr zu Jahr verändern. Man sollte das Fest nicht von äußeren Umständen abhängig machen, sondern hinspüren, was einem selbst im tiefsten Innersten wichtig ist. Wie fühlt man Weihnachten in sich? Und genauso sollte man diesen Tag und diesen Abend dann feiern.“

Weihnacht

Gelassenheit

Der Name „Weihnachten“ bedeutet „geweihte Nacht“, eine heilige Nacht. Eine Nacht, in der wir der Göttlichkeit begegnen können. Dem göttlichen Funken, den wir alle in uns tragen. Aber diese Begegnung mit einem größeren Ganzen ereignet sich nicht einmal im Jahr und zu einem bestimmten Datum. Es ereignet sich immer wieder: Es sind diese Momente, in denen wir uns selbst und die Welt, in die wir hineingeboren wurden, ganz besonders intensiv wahrnehmen und spüren. Das kann in der Natur sein, das kann beim Lauschen von Musik oder beim Muszieren selbst sein, das kann bei der Liebe, mit Freundinnen und Freunden, beim Gebet oder beim Yoga sein.

In dem Wort „heilig“ steckt das Wort „heil“ – etwas darf heilen, ganz und damit gut werden. Das hat wenig mit Religion oder mit Kirche zu tun, sondern mit unseren ureigensten Gefühlen. Was den einen heilt und ganz macht, kann jemand anderen völlig unberührt lassen. Die Sonate, die einen Menschen zu Tränen rührt, löst in dem anderem rein gar nichts aus. All das gilt es zu berücksichtigen.

Weihnachten klingt Saiten in uns an, die andere weder haben noch kennen. Hier gilt es sich einzuschwingen, sich einzustimmen wie ein Instrument oder ein ganzes Orchester.
Alles kann, nichts muss. Und die Aussicht, dass Heilung zu jeder Zeit möglich ist, nicht erzwungen werden kann und dennoch eintreten wird, macht unfassbar gelassen.

Glaube an die Welt

Lass ab von diesem Zweifeln, Klauben,
Vor dem das Beste selbst zerfällt,
Und wahre dir den vollen Glauben
An diese Welt trotz dieser Welt.

Schau hin auf eines Weibes Züge,
Das lächelnd auf den Säugling blickt,
Und fühl's: es ist nicht alles Lüge,
Was uns das Leben bringt und schickt.

Und, Herze, willst du ganz genesen,
Sei selber wahr, sei selber rein!
Was wir in Welt und Menschen lesen,
Ist nur der eigne Widerschein.

Beutst du dem Geiste seine Nahrung,
so laß nicht darben sein Gemüt,
des Lebens höchste Offenbarung
doch immer aus dem Herzen blüht.

Ein Gruß aus frischer Knabenkehle,
ja mehr noch eines Kindes Lall'n
kann leuchtender in deine Seele
wie Weisheit aller Weisen fall'n.

Erst unter Kuß und Spiel und Scherzen
erkennst du ganz, was Leben heißt;
o lerne denken mit dem Herzen,
und lerne fühlen mit dem Geist.

Theodor Fontane (1819–1898)

Christkind

Frieden

„Man sieht nur mit dem Herzen gut.
Das Wesentliche ist für die Augen unsichtbar.“

Antoine de Saint-Exupéry (1900–1944), Der kleine Prinz

„Da fliegt es“, rief meine Mutter, „direkt übers Dach!“ Ich eilte ihr in meinen Hausschuhen hinterher – das Pflaster glänzte vor Nässe – und blickte in den dunklen Himmel, der von Sternen übersät war. Nichts! Wie immer hatte ich das Christkind verpasst. Wie jedes Jahr sah meine Mutter das Christkind und auch meine große Schwester, nur ich verpasste es ein ums andere Mal. So blieb mir nur die Fantasie: In dieser war das Christkind blond und hatte einen verwuschelten Lockenkopf. Es trug ein weißes Kleid, dessen Ärmel und Saum mit goldener Glitzerborte eingefasst waren. Kleine Flügel hatte es am Rücken und an den Füßen trug es keine Schuhe. Ein kleiner Funken Sorge stieg stets in mir hoch, wenn ich darüber nachdachte, wie kalt es draußen war: Doch das Christkind schien gut gewärmt. In meiner Fantasie wurde es von einem hellen, goldenen

Schein umstrahlt und wenn es übers Dach flog, hinterließ es eine feine Spur von Goldstaub. Manchmal konnte ich ihn noch sehen. Und manchmal fand ich auf der Treppe in den ersten Stock eine kleine weiße Feder oder ein blondes Haar: Es konnte nur das Christkind gewesen sein. In unserer Familie war niemand blond.

Es war die Heilige Nacht, ich war ein Volksschulkind und mir war festlich zumute: Ich wusste, heute Abend würde der rote Wecker läuten, der vor der Stube stand. Meine Eltern hatten mir erklärt, wie er funktionierte. Hatte das Christkind die Geschenke unter den Baum gelegt, drückte es den großen weißen Knopf am Wecker. Dann läutete dieser und wir durften endlich die „gute" Stube mit den dunklen, schweren Bauernmöbeln betreten. Ich hatte schon die Tage zuvor heimlich einen Blick durchs Schlüsselloch geworfen. Alles, was ich gesehen hatte, war ein Ast des Weihnachtsbaumes, an dem eine silbern glänzende Kugel hing. Das Christkind war also schon da gewesen und hatte alle Vorbereitungen getroffen.
Und während wir draußen nach dem Christkind Ausschau hielten, klingelte drinnen der Wecker. Natürlich war es jetzt da gewesen und übers Dach davongeflogen!

Längst waren wir mit dem Weihrauch und dem Weihwasser durchs Haus gezogen und hatten in der Küche einen Rosenkranz gebetet. All das gehörte zu Weihnachten dazu, ebenso wie die Überzeugung, dass in der Heiligen Nacht die Tiere sprechen können. Nach der Bescherung ging ich noch einmal in die Küche, um unserem Wellensittich eine „Gute Nacht" zu wünschen. Er wollte nicht mit mir sprechen, sogar zum Zwitschern war er schon zu müde.

Das würde er morgen nachholen, wenn meine Mutter nach der Kirche in die Küche gehen, das Radio aufdrehen und sich an die Zubereitung des Festmahls machen würde. Der Vogel liebte die Wärme und die Geschäftigkeit in der Küche, die von feinsten Gerüchen erfüllt war. Sogar diese kleine Seele schien zu merken, dass diese Tage anders waren. Dass das Christkind übers Haus geflogen war und einen Hauch von Goldstaub darübergestreut hatte. Den konnte man zwar nicht sehen, aber fühlen. Denn so verhält es sich mit den großen Dingen im Leben: dem Frieden, der Liebe, dem weihnachtlichen Goldstaub – sie sind unsichtbar und trotzdem da.

4

Raunächte

Zwischenwelten

„Zu Weihnachten a Mucknschritt,
zu Neujahr a Hahnentritt,
zu Heilig Drei Könige a Hirschensprung
und zu Maria Lichtmess a ganze Stund'."

Bäuerlicher Spruch aus dem alpinen Raum

Ein Winterabend

Wenn der Schnee ans Fenster fällt,
Lang die Abendglocke läutet,
Vielen ist der Tisch bereitet
Und das Haus ist wohlbestellt.

Mancher auf der Wanderschaft
Kommt ans Tor auf dunklen Pfaden.
Golden blüht der Baum der Gnaden
Aus der Erde kühlem Saft.

Wanderer tritt still herein;
Schmerz versteinerte die Schwelle.
Da erglänzt in reiner Helle
Auf dem Tische Brot und Wein.

Georg Trakl (1887–1914)

Zwischen den Jahren

Stillstand

Nun ist sie angebrochen, diese heilige Zeit. Diese Zwischenzeit, die uns noch bleibt, bis das alte, aufgebrauchte und abgeerntete Jahr endet, während die Sonne bereits wiedergeboren wurde und ihr Licht auf neue Zeiten vorauswirft. Es ist eine geschenkte, eine rituelle Zeit, ein Übergang: Zwölf Tage, die aus dem Kalender fallen und sich irgendwie zwischen die zwölf Monate schieben. Diese Zeit verspricht uns Abstand – vom Alten ebenso wie von dem, was uns erwartet und sie soll uns ganz und heil werden lassen. Bewusst und in aller Ruhe können wir in diesen zwölf Nächten voller Mystik und Tiefe das Alte abstreifen, um das Neue zu begrüßen. Die Portale in andere Welten und Ebenen stehen weit offen, während die Sonne stillzustehen scheint: Es ist die Zeit der Orakel und der Wünsche, des Aberglaubens und der Traditionen, wie sie seit Generationen allerorts und so auch in den alpinen Regionen gelebt werden.

Als ich während des Studiums in einer norddeutschen Hansestadt lebte, hörte ich zum allerersten Mal den Ausdruck „zwischen den Jahren". Der Begriff umfasst die

Zeitspanne zwischen Weihnachten und Neujahr oder sogar bis zum Dreikönigstag. Er war mir unbekannt, nicht jedoch das Gefühl, das mit dieser Zeit verbunden ist. Es sind diese Tage, in denen die Welt etwas aus dem Takt gerät: In der sie ruht, selbst wenn es äußerlich weitergeht wie bisher. Auch wenn die Tage auf dem Papier bereits wieder länger werden, handelt es sich nur um Sekunden – gemäß Bauernregel werden sie als „Mückenschritt" oder „Mückengähnen" – bezeichnet. Doch es ist nicht nur die Sonne, die stillsteht: Es ist das ganze Universum und wir mit ihm, zwölf Tage lang. Und hier ist sie wieder: die heilige Zahl Zwölf. Jesus hatte zwölf Jünger, Dornröschen zwölf gute Feen, das Jahr hat zwölf Monate und ebenso viele Tierkreiszeichen. Die Zahl Zwölf hat in heidnischen Überlieferungen, in Religionen und in der Theologie eine überragende Symbolik und Bedeutung. Kein Zufall, dass sie uns jetzt – in der rauen Winterszeit – wieder begegnet.

Den Auftakt der Raunächte bilden die Weihnachtsfeiertage, die sich wie goldener Honig vor uns ergießen: Sie fließen zäh und köstlich dahin – süß, glänzend und verführerisch. Lange Spaziergänge in der Natur, ebenso lange Lese- und Spielenachmittage, gutes Essen, Stunden für sich und mit Freundinnen, Freunden und Familie sortieren die Tage neu. Und dennoch kehrt jede und jeder am Abend gerne wieder ins eigene Heim zurück: Dort erhellt der Christbaum den Raum und was draußen vor der Tür passiert, davor nehmen wir uns in Acht. Denn es ist die Zeit, in der – dem Aberglauben nach – Frau Holle umgeht: die Percht, diese alpine Göttin, die zugleich straft und belohnt. Die vor allem als Beschützerin der Frauen gilt, die aber auch gefürchtet wird. Es wird keine Wäsche gewaschen und schon gar nicht über Nacht hängen gelassen, damit sich keine bösen Geister und Energien darin verheddern. Dafür wird geräuchert – heute mehr denn je, denn es ist modern geworden, sich das Brauchtum neu anzueignen und es weit über seine alpine Herkunftsregion hinauszutragen. Versehen mit dem Etikett „Alpenschamanismus" wird es dem Zeitgeist entsprechend aufgehübscht. Das lässt mich schmunzeln. Ich bleibe bei dem, was ich aus meinem eigenen Erfahrungsschatz mitbringe, was ich tatsächlich „er-fahren" habe und damit ist mir die Percht vertraut wie eine alte Tante. Mit ihr wird nicht gespaßt: Sie ist respektvoll zu behandeln und kommt man diesem Ansinnen nach, ist sie einem wohlgesonnen.

Schon das Erwachen am 25. Dezember ist ein anderes: Die erste – so segensvolle und von Liebe erfüllte – Raunacht ist vorüber. Die ganze Welt drinnen wie draußen scheint beseelt: Das Bächlein gurgelt eine magische Melodie, nach der das Schilfgras zu tanzen scheint. Die letzte Rose des Jahres versprüht im Garten – wie vorausgesagt – einen Hauch von frostiger Eleganz. Die Wohnung duftet nach Tannengrün und Zimt, Wachskerzen und Festessen. War der gestrige Tag noch von Erwartung und Vorfreude erfüllt, überwiegen heute die Pracht und die Festlichkeit. Segensvolle Ruhe ist eingekehrt! Der Weihnachtsmorgen verspricht großes Theater und ebenso große Poesie: Die Geburt im Stall ist gut verlaufen, die Kinder wurden reich beschenkt, die Nacht ist überstanden. Das Licht des Morgens ist vielversprechend und vergoldet – auch wenn der Himmel dem Herzenswunsch nach Schnee nicht nachgekommen ist.

Große Tage zu feiern, bedeutet, ihnen eine Bühne zu bereiten. Ich halte mich gerne an den Spruch, der besagt:

„Ein besonderer Tag beginnt immer schon mit dem Abend davor.“ Im jüdischen Kalender beginnt ein Festtag mit dem Sonnenuntergang des Vortages, auch Hochfeste in der katholischen Kirche werden am Vorabend mit dem Abendlob eingeläutet. Ähnlich verhält es sich mit dem Ausklang großer Feste: Sie wirklich ausklingen zu lassen, ist ein wichtiger Teil ihrer selbst. Ich liebe den Nachhall, die Ereignisse hinterlassen. Und sei es nur, um nach dem Abspann eines Kinofilmes noch ein paar Minuten sitzen zu bleiben, ebenso nach einem Konzert und dem letzten Applaus oder nach dem Klang der Kirchenglocke. Ein paar Minuten Innehalten intensivieren den wahren Genuss und scheinen ihn zu konservieren. So verhält es sich auch mit Weihnachten. Wer nun die Zeit und die Muße hat, sollte Weihnachten nicht schnell-schnell hinter sich bringen. Sondern im Bewusstsein, dass das Vorübergehen, Ausklingen und Nachhallen zum Fest gehört.

Viele machen sich nur einen oder wenige Tage nach Weihnachten auf, um in die Skiferien oder in den Winterurlaub zu reisen. Viele von uns bleiben aber auch zuhause.

Weihnachten: Das sind die geliebten Ferien daheim! Endlich Dinge tun, zu denen wir das ganze Jahr nicht kommen! Freundinnen und Freunde treffen, das alte Jahr sortieren und ablegen, den neuen Kalender anlegen. Zurückblicken und nach vorne schauen! Viele von uns fühlen sich auch erschöpft: Die letzten Wochen des Jahres waren hektisch und voll mit Terminen und Aufgaben. Die Sehnsucht nach Belohnung und Abwechslung ist groß. Doch anstatt gleich wieder in die Aktivität zu gehen, wäre es nun angesagt, der Ruhe die Tür zu öffnen. Selbst zur Ruhe zu kommen.

Die Ablenkungen von außen sind gering: Während im Sommer der Trubel vor der Haustür wartet, sind wir nun eingehüllt von Kerzenschein und Wärme. Wir dürfen unseren ganz eigenen Rhythmus leben: in Langsamkeit, sodass Körper, Geist und Seele die nötige Zeit bekommen, um sich zu regenerieren. Und dann beginnen sie auch, mit uns zu sprechen. Sie werden uns erzählen – vielleicht sogar leise raunen –, was sie brauchen. Was sie sich wünschen. Was sie sich von uns erhoffen. Gut zuhören ist nun ein weiser Ratschlag. Vielleicht sogar Träume oder Gedanken aufschreiben: Das muss nicht akribisch sein, sondern vor allem achtsam und uns selbst zugewandt.

Räucherwerk selber herstellen

In den Raunächten wird traditionell geräuchert. Wer Räucherwerk selber sammeln möchte, tut gut daran, beim Waldspaziergang die Augen offen zu halten. Besonders gut zum Räuchern eignen sich beispielsweise Bartflechten, die auf Bäumen wachsen und von diesen auch immer wieder herabfallen. Auch das Harz von Nadelbäumen wie Fichte, Lärche, Kiefer, Föhre oder Tanne darf in kleinen Mengen gesammelt werden. Allerdings ist die beste Zeit zum Sammeln zwischen April und Ende August. Die kleinen Harzperlen (Pech) können mithilfe eines Messers vorsichtig von der Rinde gepflückt werden, sodass keine neuen Verletzungen am Baum entstehen.

Ideal zum Räuchern sind auch getrocknete Blüten und Blätter des letzten Sommers, wie sie sich beispielsweise im traditionellen Kräuterbuschen finden. Ich räuchere besonders gern Salbei, Schafgarbe und Lavendel aus dem eigenen Garten.

Achtung: Sie sollten alle Pflanzen, die sie räuchern, wirklich kennen! Giftige Pflanzen entfalten auch beim Räuchern ihre Wirkung. Also ist Vorsicht geboten! Damit die zarten Pflanzen nicht einfach nur verbrennen und verkohlen, ist das Räuchern mithilfe eines Siebes ratsam. Dabei werden die Kräuter nicht direkt auf die glühende Kohle gelegt, sondern mit etwas Abstand zur Flamme geräuchert.

Raunächte

Segen

In meiner Kindheit war es Brauch, am Heiligabend, an Silvester und am 5. Jänner „rauchen" zu gehen. Wir Kinder bekamen an diesen Abenden ein Kupferpfandl ausgehändigt, in dem auf glühender Kohle der Weihrauch schwelte, und ein ausgespültes, blitzblankes Marmeladenglas mit Weihwasser, das wir zuvor aus der Kirche geholt hatten. Diejenige von uns, die das Kupferpfandl trug, hatte das Nachsehen, denn dieses konnte nur in den Räumen geschwenkt werden. Die aber, die das Weihwasser trug, hatte den weit größeren Spaß: Denn auch wenn das kleine Tannenzweiglein noch so vorsichtig ins Wasser getaucht wurde, war das Ganze eine richtig nasse Angelegenheit. Ach, es war herrlich, alle Ecken, die Betten, die Schreibtische, das Katzenkörbchen mit Weihwasser zu bespritzen! Je länger der Rundgang dauerte, umso feuchter wurde er. Waren wir im Haus fertig – alle Räume waren zuvor penibel aufgeräumt und geputzt worden –, ging es noch eine kleine Runde in den Garten, zum Vogelhaus und in den Fahrradschuppen.

Auch wenn uns Mädchen niemand diesen Brauch im Detail erklärt hatte, spürten wir instinktiv, dass er von großer

Bedeutung war. Die Ernsthaftigkeit der Mutter übertrug sich auf uns und es ist wohl genau dieses Weitergeben eines Brauches, der ihn zu einer bedeutenden Tradition werden ließ: Die Kinder erfahren und erlernen ihn von den Erwachsenen.
Wird das „Rauchen gehen" in manchen Haushalten vom Beten eines Rosenkranzes begleitet, waren es bei uns kleine Bitten, die wir leise vortrugen, sobald wir einen neuen Raum betraten. So murmelten wir etwa im Schlafzimmer die Worte „Für einen guten Schlaf", in der Küche „Damit wir immer genug zu essen haben" und beim Fahrradschuppen „Damit wir immer wieder gut nach Hause kommen". Diese Bitten waren manchmal ein wenig absurd, sodass durchaus gekichert wurde. Etwa vorm Katzenkörbchen, wenn wir „Damit sie viele Mäuse fängt" murmelten. Auch das war in Ordnung! Sehr sogar.

Es waren kleine Wünsche, die uns begleiteten – nichts Großes oder Visionäres – sondern Dinge, die uns ganz spontan einfielen. Im Nachhinein betrachtet wirken diese Wünsche so echt und innig, dass sie mich tief berühren. Sie lagen uns am Herzen und damit auf der Zunge: Nicht lange überlegt, sondern ausgesprochen, was wir fühlten! Und dabei trugen sie so viel Wahrheit in sich. Denn was ist wichtiger, als dass für einen gesorgt wird, dass man gut schläft und Glück im Straßenverkehr hat, um jeden Tag wieder heil nach Hause zu kommen.

Heute sind Wünsche oft groß, an Erfolg und Glück geknüpft. Sie sollen das Leben und den Ist-Zustand verbessern, uns optimieren. Sie sollen uns reich machen, den Traummann oder die Traumfrau bringen und die Beförderung samt lang ersehntem Karriere-Kick dazu. Was diesen

Wünschen allen gemein ist, ist der Anspruch an uns selbst: Alle diese Wünsche fordern von uns insgeheim ein hohes Engagement, nach dem Motto „Du hast dein Glück selbst in der Hand".

Den kleinen Wünschen meiner Kindheit hingegen lag ein großes Vertrauen in das Leben zugrunde. Es waren mehr als Wünsche, es war ein Bitten um Segen. Wen wir darum baten, war nicht klar: Das Christkind, die Percht, das ganze Universum? Auch das wurde nicht hinterfragt! Die Worte waren ausgesprochen, sie hatten Form angenommen und wir hatten Zeit darauf verwendet.
Es waren Abende voller Aufregung und guter Energie, auch wenn wir das so niemals benannt hätten.
Wir hatten um Segen gebeten. Und darauf vertraut, dass er uns gewährt würde. Schon das allein war ein Segen.

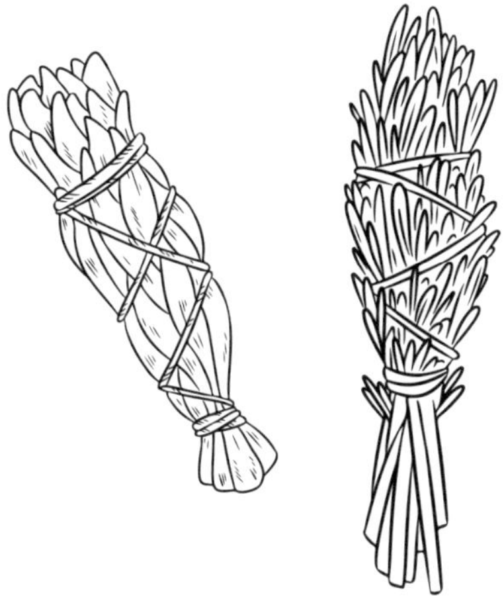

Sich und andere segnen

Das Wort „segnen" leitet sich von dem lateinischen „signare" ab. „Signare" wiederum bedeutet so viel wie „bezeichnen". Oft sind Segenssprüche mit einer Geste – einem Kreuz auf der Stirn oder einem Auflegen der Hand – verbunden. Wie schön ist es, wenn man gesagt bekommt „Du bist ein Segen für mich" oder aber „Ich gebe dir meinen Segen". Diese Worte beflügeln und berühren uns: Sie vermitteln ein wohliges Gefühl des Geliebtwerdens, des Gesehenwerdens. Man wird geschätzt, das eigene Tun bejaht. Mit einem Segen lebt es sich gut.

Kleines Segensmantra für die Raunächte

Nehmen Sie eine bequeme Sitzposition ein, legen Sie Ihre rechte Hand auf das eigene Herz und spüren Sie seinen – Ihren – Rhythmus. Dann sprechen Sie diese Worte, leise oder laut, und so oft Sie möchten. Lauschen Sie den Worten und nehmen Sie wahr, wie sich ihre Wirkung offenbart.

Ich liebe mich.
Ich verzeihe mir.
Ich segne mich.

Ich liebe dich.
Ich verzeihe dir.
Ich segne dich.

Weihrauch

Verbundenheit

Die Tage sind kurz und schon ab dem späten Nachmittag wird die blaue Stunde von Dämmerung und Dunkelheit abgelöst. Früh werden die ersten Kerzen am Tisch, im Fenster und am Christbaum angezündet, leise Musik aufgelegt, ein weihnachtlicher Cocktail eingeschenkt. In der Zeit zwischen den Jahren darf der 5-Uhr-Tee durchaus etwas luxuriöser sein. Schätzte nicht auch Queen Elizabeth II. ein Gläschen Gin am späten Nachmittag? Cocktails zu mischen, ist ein kleiner Luxus, für den es Zeit und Muße braucht, und das Wissen, dass man heute ohnehin nicht mehr ins Auto steigen wird. Also zaubern wir die geschliffenen Gläser aus dem Schrank, die das Kerzenlicht so wunderbar reflektieren und dann rein mit dem Zweiglein Rosmarin, mit den Granatapfelkernen, mit dem Grapefruitsaft, der Orangenschale und der Zimtstange. Am besten trinkt sich so ein feiner Cocktail natürlich im kleinen Schwarzen, aber es geht auch leger in Jeans und Pullover.

Vor der kleinen privaten Cocktailstunde lege ich ein Stück Weihrauch aufs Stövchen. Ich bin wählerisch geworden, seit ich eine der bekanntesten Weihrauchhändlerinnen

Deutschlands kennengelernt habe. Es war ein inspirierendes Gespräch mit einer Frau, die fest in ihrer katholischen Tradition verwurzelt ist, aber eine leidenschaftliche Weltenwandlerin zwischen Orient und Okzident ist. Sie hat viele Länder bereist, in denen Weihrauch geerntet wird, kennt die Traditionen, die Familien und Händler, die Gebaren und Qualitäten sowie die Wirkung und Sinnhaftigkeit des Räucherns. Als sie vor Jahrzehnten ein Weihrauchhandelsunternehmen gründete – ein durchaus mutiges Unterfangen –, war es ihr Ansinnen, hochwertigen Weihrauch und Dufträucherharze für alle verfügbar zu machen. In ihrem Heimatort Altötting eröffnete sie zudem ein kleines, feines Weihrauch- und Duftmuseum.

Die Weihrauchstraße zählt zu den ältesten Handelsrouten der Welt. Sie führt vom Oman im Südosten der arabischen Halbinsel über den Jemen und die Westküste Saudi-Arabiens bis nach Gaza ans Mittelmeer. Aus dem Oman stammt der teuerste Weihrauch der Welt, die besten Qualitäten gehen dort ans Sultanat. Ähnlich wie bei uns die Kräuterheilkunde ist der Umgang mit Weihrauch im Oman fest in Frauenhänden. Es sind die Frauen, die den Weihrauch nach überlieferten Rezepturen mischen und ihn auf den Basaren verkaufen. Die Weihrauchbäume, die in Höhenlagen auf über 2000 Metern Seehöhe auf der arabischen Halbinsel, am Horn von Afrika, am indischen Subkontinent und in Indonesien wachsen, gelten als traditionelle Mitgift, die die Braut mit in die Ehe bringt. Auch in Somaliland sind die Frauen für die Ernte des begehrten heiligen Baumharzes zuständig. Die bis zu zwei Meter hohe Pflanze gehört zu den Duftharzgewächsen und benötigt zum Gedeihen kalkhaltige Böden, den Monsun und die Passatwinde. Weihrauchbäume sind Wildbestand und können nicht in Plantagen gezogen werden. Ihre Standorte sind streng geheim, die Bäume geschützt und so entlegen, dass sie ausschließlich mit Kamelen erreicht werden können. Zwischen vier und zehn Jahre muss ein Weihrauchbaum alt sein, damit ihm zum ersten Mal das Harz entnommen werden kann: Für die Ernte, die Ende März beginnt, wird die Rinde der Bäume angeritzt. Das Harz, das der Baum selbst wie einen Wundverschluss produziert, wird aufgefangen. Alle zwei bis drei Wochen wiederholt sich dieser Prozess und erst ab Ende Juli ist das Harz so wasserarm, dass es von höchster Qualität ist. Weihrauch der vierten und fünften Ernte gilt als der beste. Dann darf der Baum ein Jahr ruhen und erst im übernächsten Jahr wird wieder geerntet. Ähnlich wie bei Apfelbäumen gibt es auch vom Weihrauchbaum unterschiedliche Sorten.

Weihrauch war viele Jahrtausende eine Opfergabe für die Götter und hatte eine lange heidnische Tradition. Heute sind das Weihnachtsfest, die Raunächte und der Jahreskreis ohne Weihrauch nicht mehr vorstellbar. Schon die Heiligen Drei Könige brachten dem Jesuskind Weihrauch, Gold und Myrrhe – heilige und heilsame Gaben, deren Wert heute kaum in Zahlen bemessen werden kann.
Der Weihrauch verbindet die Welten – das Morgenland und das Abendland. Er dient nachweislich der energetischen Reinigung, zur atmosphärischen Aufwertung und zum Gebet. Weihrauch wirkt beruhigend, entzündungshemmend, desinfizierend und schmerzlindernd. Klinische Studien lassen sogar die Wirksamkeit von Weihrauch bei chronisch entzündlichen Erkrankungen oder Depressionen vermuten.

Dieses Wissen, dass alles in Verbindung ist, wirkt wie heilsamer Balsam an diesen wundersamen Tagen. Der Rauch, der vom Harz aufsteigt, verbindet die materielle mit der geistigen

Welt. Der feste Brocken verwandelt sich und wandelt damit auch die Atmosphäre. Die Altöttinger Weihrauchhändlerin führt eine jahrtausendealte, weiblich geprägte Tradition fort, indem sie das heilige Duftharz sowohl nach überlieferten als auch nach eigenen Rezepten mischt. Es besteht eine Verbindung zwischen dem tiefen Wissen der Frauen, das alle zeitlichen und geografischen Grenzen überwindet. Es ist ein Wissen, das auch wir wie ein kostbares Erbe in uns tragen. Es reicht in unserer eigenen Biografie weit zurück: Das Wissen und das Erleben unsere Ahninnen steckt uns sprichwörtlich in den Knochen, Zellen und Genen.

Die Frauen waren lange Zeit die Hüterinnen des Schatzes der Kräuter- und Naturheilkunde – eng verbunden mit der Schöpfung und den Elementen –, bis den kundigen Heilerinnen ihr Wissen und ihre Spiritualität zum Verhängnis wurde. Weil es so groß und machtvoll war, dass es das vorherrschende Patriarchat gefährdete. Aber ich spüre tief in mir: Dieses Wissen ist noch da. In uns berühren und verbinden sich die Welten. Modraniht – Mütternacht – wurde das große Fest der Wintersonnenwende in vorchristlicher Zeit genannt. Auch die Raunächte werden noch manchmal als „Mütternächte" bezeichnet und es ist kein Zufall, dass die Percht eine weibliche Gottheit ist. Mit ihr sind wir Frauen in ständiger Verbindung, nicht nur zur Weihnachtszeit. Man muss es nur wagen, sich diese Verbundenheit bewusst zu machen. Den Blick zu öffnen und keine Angst vor der Spiritualität oder skeptischen Blicken zu haben.

Nehmen wir uns doch die Percht zum Vorbild: Ich glaube kaum, dass sie sich darum schert, was andere von ihr halten. Entdecken wir doch die Göttin in uns, die weibliche Urkraft! Die Stärke der Percht ist ihre Verbundenheit zur Natur, die auch uns umgibt: fast überall! In dem Wort „Spiritualität" steckt das Wort „spiritus" – das Geistige, der Hauch. Und sogar im Wort „Spirituose" steckt ein wenig von dem Geistigen. Manchmal eröffnet schon ein kleiner Weihnachtscocktail zur blauen Stunde ganz neue geistige Wege: Etwa die Erkenntnis, dass es mit der Spiritualität in der Zeit zwischen den Jahren nicht getan ist. Es braucht das ganze Jahr die Verbundenheit, die Solidarität, das Gemeinsame und die Besinnung darauf.

Gönnen wir uns doch den kleinen Luxus, Weltenwandlerinnen und Weltenwandler zu sein und damit auch die Welt ein wenig zu wandeln. Besser zu machen! Behalten wir uns ein wenig von der Magie des Weihrauchs und der Raunächte, um ihre besondere Aura, ihre Tiefe auch unterm Jahr spürbar zu machen. Die erfahrene Weihrauchhändlerin räuchert an 365 Tagen im Jahr – ein Ritual, auf das sie nicht verzichten möchte. Sie weiß schon, warum.

Die Verbundenheit spüren

Eine wunderbare Möglichkeit, um sich mit den eigenen Wurzeln, den Ahninnen und Ahnen zu beschäftigen, ist die Biografiearbeit mit der Erstellung des eigenen Stammbaumes. Mittlerweile sind viele Kirchenbücher digitalisiert und über das Internet einsehbar. In den Kirchenbüchern sind Geburten, Todesfälle, Hochzeiten und Taufen verzeichnet. Eine hochspannende Beschäftigung, ideal für die Zeit zwischen den Jahren. https://data.matricula-online.eu/de

Silvester

Orientierung

„An Fried, an G'sund und an Reim"

Alpenländischer Segensspruch zum neuen Jahr, der mit „Frieden, Gesundheit und Glück" übersetzt werden kann.

Das Ende einer Sache spiegelt oft die Sache selbst wider. Was das zu bedeuten hat? Verlief eine Sache – etwa ein Lebensjahr, eine Beziehung, ein Projekt – gut, findet sie zumeist auch ein gutes, stimmiges Ende. War sie schwierig, gestaltet sich meist auch das Ende in derselben holprigen Weise. So stellt sich für mich auch der Silvestertag als ein Spiegel des abgelaufenen Jahres dar. Was ich dafür oder dagegen tue? Nichts! Einfach nur wertfrei wahrnehmen, meine Schuhe schnüren und in die Höhe wandern. Entweder mit Tourenski, mit dem Schlitten oder zu Fuß. Hauptsache rauf auf den Berg, ein wenig Abstand gewinnen und die Adlerperspektive einnehmen. Die Silvesterstimmung, die tagsüber auf den Bergen herrscht, ist ansteckend wohltuend: Die Menschen sind allesamt gut gelaunt, es wird gelacht, geflirtet und es rennt der Schmäh. Da werden verschmitzt die ersten kleinen Fläschchen Sekt aus dem Rucksack gezaubert, Kekse, Kuchen und Kletzenbrot ausgepackt und großzügig mit den anderen geteilt. Ich habe es mir zur Tradition gemacht, das alte Jahre auf einem Berg zu verabschieden. Die Ruhe dieses besonderen Tages in der Natur zu genießen.

Der Silvestertag ist mir hoch und heilig, die Nacht hingegen könnte ich getrost verschlafen. Feiern auf Knopfdruck entspricht so gar nicht meiner Natur: Lieber müde und durchgefroren vom Berg nach Hause kommen, den Kachelofen einheizen, ein feines Mahl zubereiten, „Dinner for One" schauen und dann ganz nah am Christbaum dem neuen Jahr entgegenschlummern. Die Erfahrung hat gezeigt: Es wird ohnehin bald wieder aufregend genug!

Der Winter stellt eine Übergangszeit dar: Das alte Jahr endet, das neue beginnt. Pläne werden geschmiedet – manchmal voller Vorfreude. Manchmal machen sich Zweifel und Ängste breit. Vergleicht man den Winter mit den 24 Stunden eines Tages, entspräche er wohl den späten Abendstunden. Vergleicht man die Lebensspanne mit den vier Jahreszeiten, würde der Winter den letzten Abschnitt unseres irdischen Daseins darstellen. Beides – sowohl die Nacht als auch das Ende unseres Lebens – ist etwas, womit wir uns nicht gerne beschäftigen. Beides kann beängstigend sein, beides hat mit Ungewissheit zu tun. Wir können niemanden anrufen, um zu fragen: „Du, wie geht es dir jetzt, da, wo du nun bist. Wie fühlt es sich an?" Ebenso wenig können wir ins neue Jahr telefonieren und fragen: „Na, wie läuft's? Ich hoffe doch besser als heuer!"
In der Dunkelheit der Nacht können wir nicht besonders gut sehen, Umrisse werden zu Geistern, wilde Gedanken

zur furchteinflößenden Realität. Viele Kinder haben Angst vor der Dunkelheit und ich war eines dieser Kinder: Kaum ließ die Nacht ihren schweren Vorhang herab, überfielen mich Schwermut und Heimweh, wenn ich nicht zuhause war. Und selbst zuhause sah ich plötzlich überall funkelnde Augen, die mich still beobachteten, vernahm Geräusche von Eindringlingen und sprang schnell ins Bett, damit nicht eine Hand nach meinen Knöcheln greifen konnte. Die Nacht jagte mir einen Schauer über den Rücken.

Die Auseinandersetzung mit der eigenen Endlichkeit, dem Tod, schieben wir nur allzu gerne von uns weg. Was, wenn es dennoch vor der Tür steht? Das Ende. So wie Silvester. Beendet der Tod dann auch unser Leben oder nur das physische Dasein in dem uns bekannten Körper? Geht der Rest von uns – die Seele – in eine neue Runde? In eine neue Staffel mit zig neuen Folgen? Und: Wollen wir es wirklich wissen? Denn die Frage ist doch auch: Was machen wir mit all dem Wissen, das uns vorausgesagt wird? Die Raunächte dienten früher vor allem als Wetterorakel, denn das Wetter war essenziell. Die Landwirtschaft sicherte die Lebensgrundlage und nur wenn das Wetter mitspielte, war mit ausreichend Ertrag zu rechnen. Hagel, Stürme und Kälteeinbrüche gefährdeten die Ernte, sie gefährdeten die Tiere und damit auch die Familien und deren Fortbestehen. Das Wetter spielte eine überragende Rolle für die Bauern und so ist es nachvollziehbar, dass sie sich vorbereiten wollten. Brachte etwa die dritte Raunacht, die dem März zugeordnet ist, Eisstürme oder große Mengen an Neuschnee mit sich, hielten sie es für ratsam, im März mit der Aussaat des Getreides noch zu warten, bis sich das Wetter beruhigte. Damit konnten sie arbeiten, so hatten sie einen Plan.

Auch Silvester lädt als Raunacht dazu ein, Pläne zu schmieden. Ich mache das nicht, ebenso wenig wie ich Neujahrs-Vorsätze fasse. Das meiste, was sich in meinem Leben ereignet, begegnet mir, kommt einfach auf mich zu. Ich spaziere offenherzig durchs Leben. Pläne sind mir oft zu logisch. Ich mag das Organische, das sich irgendwie fügt und in mein Leben tritt, ohne dass ich es geplant habe. Aus Stefan Zweigs biografischem Essay „Casanova" stammt der Satz: „Wer sich Ziele setzt, geht am Zufall vorbei." Wie wunderbar ist dieses Zitat?
Auch viele Vorsätze sind mir zu wohlgeformt, zu gewollt, zu sehr von äußeren Idealen abgeleitet: Ich fasse Vorsätze rund ums Jahr. Manche davon integriere ich für immer in mein Leben, andere für kurze Zeit.
Dennoch gibt es drei kleine Rituale, die ich an Silvester nicht missen möchte. Das erste ist das Räuchern wie schon am Heiligen Abend. Das zweite Ritual ist das Formulieren und Aufschreiben meines ganz persönlichen Wortes des Jahres. Schon die vergangenen Tage sind meine Gedanken immer wieder um Wörter gekreist, die mir passend für das neue Jahr erschienen. Am Silvesterabend entschließe ich mich dann für ein einziges Wort, das ich niederschreibe und das ich – einem Mantra gleich – mit ins neue Jahr nehme. Dieses Wort hat eine erstaunliche Wirkung: Es manifestiert sich sehr schnell im neuen Jahr. Letztes Jahr war es das kleine Wort „Tun".

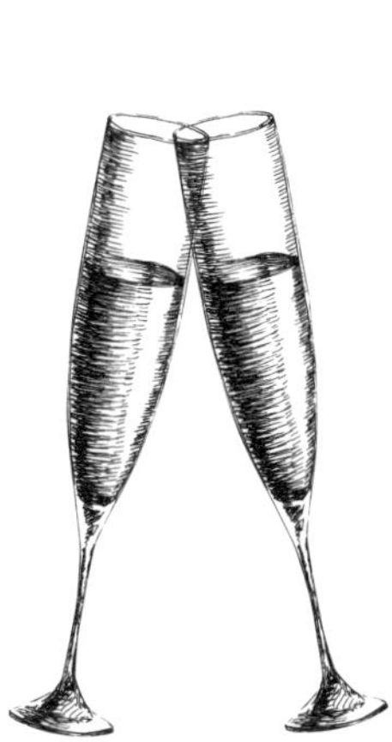

Mein drittes Silvesterritual ist das Weihrauchorakel, das sehr erheiternd ist und allein, zu zweit oder in der Gruppe durchgeführt werden kann. Bei Orakeln geht man davon aus, dass, wie auch beim Kartenlegen oder Pendeln, die Logik ausgeschaltet ist und rein das Unterbewusstsein agiert. Hört sich kryptisch an, aber inzwischen hat die Gehirnforschung belegt, dass die Logik ohnehin eine untergeordnete Rolle in unserem Leben spielt: 95 Prozent all unserer Entscheidungen treffen wir aus dem Gefühl heraus. Was wiederum ein Beleg dafür ist, warum viele Pläne und Vorsätze, die aus Vernunftgründen gefasst wurden, nicht eingehalten werden – einfach, weil das Gefühl nicht mitgeht.

Also dann lieber mit viel Gefühl ins neue Jahr starten. Das Alte – egal was war – würdig verabschieden, das Neue neugierig, mit offenem Herzen und furchtlos begrüßen. Vor nichts Angst zu haben, ist ein weiser Ratschlag für diese große, bedeutungsschwere Raunacht. Nicht vor der Dunkelheit der Nacht, nicht vor den Unwägbarkeiten des Lebens und selbst nicht vor dessen Ende. Wann die Dunkelheit des Lebens uns umfangen wird, wann wir dem Ende entgegenblicken, können wir nicht voraussagen. Aber wir können trotzdem schon jetzt unseren Teil dazu beitragen, dass das Ende ein stimmiges sein wird. Einfach indem wir das Beste aus der Sache selbst machen. Und das bedeutet wiederum, das Leben stimmig zu leben. Jeden Moment, in dem uns das möglich ist.

Anleitung für das Weihrauch-Silvesterorakel

Wählen Sie drei Stückchen Weihrauch, die Sie gut voneinander unterscheiden können. Definieren Sie für jedes Stückchen eine Botschaft bzw. eine Antwort, zum Beispiel:
Weihrauch-Stück Nr. 1 bedeutet „Ja"
Weihrauch-Stück Nr. 2 bedeutet „Nein"
Weihrauch-Stück Nr. 3 bedeutet „Frag später noch einmal"
Dann definieren Sie noch einen Orakelpunkt: Das kann eine Kerze oder irgendein anderer Gegenstand oder fixer Punkt auf dem Tisch oder Boden sein.

Formulieren Sie nun Ihre Fragen möglichst genau und schreiben Sie sie nieder.
Alle Mitspielerinnen und Mitspieler, die eine oder mehrere Fragen haben, nehmen die drei Stücke Weihrauch in die Hand, schütteln sie und stellen die Frage laut oder nur für sich.
Nun werden die drei Stücke Weihrauch geworfen wie Würfel. Das Stückchen, das am nächsten am Orakelpunkt zum Liegen kommt, gibt die Antwort auf die gestellte Frage.

Neujahr

Springen

Zu Neujahr
Will das Glück nach seinem Sinn
Dir was Gutes schenken,
Sage Dank und nimm es hin
Ohne viel Bedenken.
Jede Gabe sei begrüßt,
Doch vor allen Dingen:
Das, worum du dich bemühst,
Möge dir gelingen.

Wilhelm Busch (1832–1908)

Die Silvesternacht ist vorüber, das neue Jahr jung und frisch, mutig und anmutig ins Land gezogen. Das Jahr, es kommt so lichterfüllt daher und wird fulminant begrüßt: mit einem großartigen Frühstück und Klängen aus dem Goldenen Saal des Wiener Musikvereins. Das Neujahrskonzert zu hören, ist ein hingebungsvolles Ritual. Denn dieser Tag fühlt sich ohnehin an wie ein Sprungbrett: Noch hat man sicheren Boden unter den Füßen, aber schon ab

morgen heißt es, mutig springen! Ins neue Jahr, in die Zukunft! Und welche Melodien könnten einen besser antreiben als die Angelica-Polka, die Champagner-Polka oder der Persische Marsch? Mach dich auf, scheint jede einzelne Note zu rufen! Auf geht's ins neue Jahr: Erhobenen Hauptes und egal, was war. Die Vergangenheit liegt hinter uns, nun geht es in eine neue Ära. Und ob wir scheitern oder reüssieren, ist hier und jetzt ganz ohne Bedeutung! Das Jahr weist eine Frische und einen Optimismus auf, von dem man sich ein Scheibchen abschneiden kann.
Dieser frische Mut erinnert mich an den wunderbaren Film von Pernille Fischer Christensen mit dem Titel „Astrid", der die frühen Lebensjahre der Kinderbuchautorin Astrid Lindgren nachzeichnet. Das Lied „Springa" von Ane Brun im Abspann ist eine wunderbar eindringliche und liebevolle Aufforderung, das Leben anzupacken: Es will dazu motivieren, durch den Tod ins Leben zu rennen, keine Angst zu haben und gut Acht zu geben, dass man den Sommer wirklich lebt und nichts verpasst. Wirklich und wahrhaftig zu leben ist eine Aufforderung, die man sich am ersten Tag des neuen Jahres vornehmen könnte. Wirklich und wahrhaftig!

Nach dem Neujahrsfrühstück geht es dann hinaus in die Natur: Reviergänge nenne ich solche Spaziergänge, die ich auch unternehme, wenn ich für längere Zeit nicht zuhause war. Bei einem Reviergang sieht man sozusagen nach dem Rechten. Man versichert sich, dass die Welt noch nicht ins Wanken geraten ist: Steht der Baum noch, der nach dem letzten Sturm so schief hing? Ist der Schnee am Waldrand geschmolzen? Gibt es schon die erste Brunnenkresse im Bach?

Auch das neue Jahr wird mit einem Reviergang begrüßt und eigentlich ist es ein Suchen und Sich-Zeigen, nach dem Motto: Ich bin noch da! Liebe Welt, bist du es auch? Im Schnee haben Fuchs und Rehe ihre Spuren hinterlassen, ein vorwitziges Hermelin schießt von einem Wiesengraben in den nächsten. Ein Habicht hat sich unweit des Hühnerstalls niedergelassen und hofft auf ein Hühnchen zum Neujahrsauftakt. Die Laufenten haben sich zum nahen Weiher aufgemacht, um einen Neujahrsschwumm zu unternehmen. Die Amseln picken am frischen Apfel und der Rehbock hat sich doch tatsächlich getraut, die Rinde an der Zaubernuss im Garten abzuschaben. So ein Schlawiner!

Ja, alles ist beim Alten geblieben. Die Welt ist nicht aus den Fugen geraten: Sie überzeugt durch ihre Beständigkeit. Wir sind alle noch hier. Und es fühlt sich richtig an. Die Katze schmatzt einmal kurz am Fußabstreifer und signalisiert den Vögeln damit „Nehmt euch in Acht, bald wird es Frühling, dann gehört der Garten wieder mir!“ Dann dreht sie sich erhobenen Schwanzes um und spaziert ins Haus zurück. Sie hat genug gesehen für heute! Die Welt dreht sich weiter: Zeit für ein Schläfchen!

„Man merkt schon den Tag“, sagt meine Schwiegermutter am 1. Jänner, als wir uns nach dem Spaziergang gegenseitig ein gutes neues Jahr wünschen. Was damit gemeint ist, kann nur nachvollziehen, wer den Sprachgebrauch kennt: nämlich dass die Tage bereits wieder länger werden – wenn auch nur in Mückenschritten. Die dunkelste Zeit des Winters ist vorüber: Das Jahr geht – wenn auch langsam – dem Frühling entgegen.

In den sozialen Medien wandeln sich die Werbeeinschaltungen nach den Feiertagen schlagartig: Anzeigen zu „Sale“ und „Detox“ tauchen auf, wo es gerade noch um festliche Dekoration und Geschenke ging. Ich verweigere mich diesem schnellen Wechsel. Ich möchte die Zeit noch ein wenig anhalten, sie festhalten. Nicht gleich vergessen, was gerade war. Weihnachten einfach nur zu konsumieren und dann wieder zum Alltag überzugehen, als ob nichts gewesen wäre. Nein! Noch ist es nicht so weit. Wir sind immer noch in den Raunächten. Es ist immer noch die Zeit des Raunens, Hinhörens und Innehaltens. Die Welt dreht sich noch nicht in ihrem gewohnten Tempo. So, wie die Tage langsam länger werden, wollen auch wir ganz langsam zu den Routinen zurückkehren. „Lasst euch Zeit“, möchte ich am liebsten rufen. Eilt nicht gleich wieder zurück an die Alltagsschauplätze – sie haben uns schneller wieder, als wir es uns vorstellen. Und viele werden sie schneller satthaben, als sie denken können. Lasst das Jahr langsam angehen – gemach, gemach! Das neugeborene Kindlein ist noch keine zehn Tage alt. Es braucht Ruhe und Fürsorge – so wie wir alle.

Und so kehren wir nach dem Spaziergang in die Wärme zurück. Tauchen noch für ein paar Tage in die Kraft der

Raunächte ab. Und strecken dennoch schon die Fühler nach draußen. Zu verlockend ist der Schnee auf den Bergen, zu verführerisch das Glitzern des winterlichen Waldes. Die Zeit des ganz großen Rückzugs geht dem Ende zu – das neue Jahr ist spritzig, ungestüm, mitreißend erfrischend. Die Energie des Neubeginns ist stark und kraftvoll. Um mutig zu springen, braucht es Anlauf. Diese Tage sind die beste Zeit, um Anlauf zu nehmen.

Mein Jahreskreis

Manchmal fragen wir uns: „Was habe ich eigentlich das ganze Jahr gemacht?" Die Tage gehen ineinander über und am Ende bleibt uns kaum noch etwas in Erinnerung. Nehmen Sie ein großes Blatt Papier und zeichnen Sie einen Kreis. Teilen Sie diesen in zwölf Segmente, ein jedes davon steht für einen Monat. Und nun schreiben Sie in Stichpunkten auf, was Sie in den jeweiligen Monaten des Vorjahres erlebt haben. Eventuell hilft es, die Fotos auf Ihrem Handy zu durchforsten. Am Ende werden Sie feststellen, dass Sie sehr viel mehr erlebt haben, als Sie dachten.
Sie können diesen Jahreskreis auch gleich für das neue Jahr zeichnen und ihn beständig füllen.

Dreikönigstag

Selbstliebe

Langsam verblasst die Magie der Weihnacht. Noch steht der Christbaum: Die ersten Äste haben sich der Schwerkraft ergeben, die Kerzen sind in Schieflage geraten und doch erfüllt die Tanne den Raum nach wie vor mit ihrer Präsenz. Für viele Tannen und Fichten endet mit dem Dreikönigstag ihre Bestimmung als Christbaum: Sie werden abgeschmückt und in hohem Bogen aus den Fenstern geworfen. Manch ein Baum wird von Pferden oder Ziegen zusammengeknabbert, andere wiederum werden einfach entsorgt oder landen im Feuer. Mit dem Sonntag nach dem Dreikönigstag endet die Weihnachtszeit in der katholischen Kirche und auch die Ferien gehen jetzt zu Ende. Der Alltag klopft ungehörig laut an die Tür – ob man es hören möchte oder nicht.

Was ich dagegen tue? Ich lasse den Christbaum einfach stehen! Ich belasse alles so, wie es ist. Nicht, um es zu konservieren, sondern um mir einen Hauch von Weihnachten zu bewahren. Wie lange, das werde ich aus dem Bauch heraus entscheiden. Aber noch ist es nicht so weit.

Die Nacht von 5. auf 6. Jänner ist die letzte der zwölf Raunächte und eine der wichtigsten. Auch sie hat noch einmal eine ganz besondere Ausstrahlung und eine gewichtige Botschaft: Sie wirkt groß, mächtig, ein wenig furchteinflößend und bedeutungsschwer. Ein letztes Mal wird in dieser Weihnachtszeit das Kupferpfandl mit dem Weihrauch geschwenkt und ein Rauchopfer dargebracht. Ich erinnere mich, dass meine Eltern sich große Mühe gaben, um uns Kindern die Anwesenheit der Percht mit allen Sinnen vor Augen zu führen. In der Nacht von 5. auf 6. Jänner deckten sie in der Küche den Frühstückstisch und verwüsteten ihn gleichermaßen: Wenn wir Mädchen am frühen Morgen aufstanden, sahen wir das Ungeheuerliche. Das Brot lag neben dem Teller, die Milch war verschüttet, das Ei halb aufgegessen und die Tischdecke war mit Butter verschmiert. Wir waren erstaunt, ein wenig erschrocken, aber zugleich unfassbar erleichtert und dankbar: Ja, die Percht hat uns einen Besuch abgestattet! Was für ein gutes Omen für das neue Jahr!
Wir haben ihr die Tür geöffnet und sie hat unsere Opfergaben – das Frühstück – angenommen, hat sich sattgegessen und in ihrer ungestümen Art und Weise bewiesen, dass sie keine von uns war. Sie war etwas Größeres, etwas Nicht-Fassbares. Sie durfte alles, was wir nicht durften. Sie war wild und ungezähmt, gefährlich und dennoch wohlwollend. Sie war in der Küche geblieben, hat uns nicht im Schlaf heimgesucht. Niemals vergaßen meine Eltern darauf, ein langes Haar auf dem Tisch zu platzieren: Es war der Beweis dafür, dass die Percht höchstpersönlich an unserem Küchentisch gesessen hatte. Wir räumten mit spitzen Fingern auf und fühlten uns geschmeichelt, in gewisser Weise gesegnet. Alles war gut! Die Percht hatte ihr letztes Mahl in unserer Küche zu sich genommen und die Raunächte damit beendet. Sie hat uns nicht vergessen oder gar gemieden. Wir schienen beschützt.

Eigentlich kein Wunder, dass die Sternsinger, die in diesen Tagen ins Haus kamen, mit dieser Begegnung nicht so recht mithalten konnten: Sie wirkten zu fromm und unschuldig im Gegensatz zu dem, was sich in der letzten Raunacht in unserem Haus abgespielt hatte. Bei den Sternsingern, die von Haus zu Haus ziehen, handelt es sich um eine relativ junge Tradition, die in großem Stile organisiert wird. 1955 griff die Katholische Jungschar in Österreich das Sternsingen, das bis in die Mitte des 16. Jahrhunderts zurückgeht, auf und machte es zur größten nationalen Kinderorganisation. Ich öffne den Kindern und Jugendlichen gerne die Tür: Sie singen, schwenken das Weihrauchfass und schreiben C+M+B an die Tür – seit neuestem wird der Vordruck einfach geklebt, woran ich mich erst gewöhnen muss. Die Bedeutungen der drei Buchstaben sind vielfältig und nicht eindeutig: Sind es die Namen der drei Weisen aus dem Morgenland, Caspar, Melchior, Balthasar? Oder der Segensspruch „Christus mansionem benedicat", also „Christus segne dieses Haus"? Oder stehen sie doch für die Initialen der drei heiligen Madln, Katharina, Margareta und Barbara, die sich so wieder zeigen? Sie sind mir alle willkommen mit ihren Gaben und Geschenken!

Heischebräuche gibt es viele rund ums Jahr: Etwa das „Kasmandlgehen" am 10. November im Salzburger Lungau oder das „Frisch und g'sund schlagen" am 28. Dezember, dem „Tag der unschuldigen Kinder". Dabei geht es ums Erbitten kleiner Gaben oder Spenden. Auch in die Krippe ziehen die drei Weisen aus dem Morgenland ein. Die Gelehrten und Sterndeuter, die im Volksglauben im Laufe der Geschichte zu Königen wurden, hatten sich auf die Suche nach dem Erlöser gemacht und brachten Geschenke dar, die so kostbar waren, dass sie sogar als Währung galten.

Sowohl die Percht als auch die Heiligen Drei Könige bringen Segen und Heil. Im Gegenzug dazu gibt es eine kleine Opfergabe vonseiten der Menschen: einen gedeckten Frühstückstisch oder eine Spende für das Hilfsprojekt. Es ist ein Geben und Nehmen, ein Tausch, der auf einer gegenseitigen Vereinbarung basiert und letztendlich für beide Seiten befriedigend ist.
Was aber, wenn wir dieses einvernehmliche Tauschen mit uns selbst vollziehen? Was biete ich zum Tausch an und was erhoffe ich mir als Heilung? Wie könnten die Botschaft der Percht und der Brauch der Sternsinger rund ums Jahr umgesetzt werden?

Es ist ein Tausch mit einem Einsatz und einem Gewinn: ein ökonomisches Prinzip, bei dem man sich nicht betrügen kann. Es wird etwas gegeben bzw. investiert und im Gegenzug dazu erhält man etwas Segensreiches und Heilsames zurück. Was könnte es sein?
Ich könnte etwa täglich ein paar Minuten der Ruhe oder sogar eine kleine Meditation als Einsatz anbieten und im Gegenzug dafür ein etwas entspannteres Nervenkostüm erhalten. Auch ein flotter Spaziergang von einer halben Stunde an der frischen Luft ist eine gute Investition, die durch eine verbesserte Schlafqualität vergolten wird. Oder ich mache mir die Mühe und koche mir täglich eine wärmende, nahrhafte Mahlzeit und werde dafür mit einem köstlichen Sättigungsgefühl belohnt.
Im Grunde eine einfache Rechnung. Sich selbst Gutes zu tun – mit einem kleinen Einsatz, indem man Prioritäten neu setzt, Bedürfnisse erkennt und sie ernst nimmt.
Natürlich können eigene Bedürfnisse immer ein wenig aufgeschoben oder hintangestellt werden, wir können sie für unbedeutend erklären und sogar ignorieren. All das

funktioniert – eine kleine Weile. Doch irgendwann wird sich Widerstand regen: Irgendwann wird ein mächtiger Teil in uns – nennen wir es Psyche oder Seele – protestieren. Und uns vehement daran erinnern, dass dieses Prozedere nicht von Dauer sein kann. Denn die Bedürfnisse der Seele sind nicht verhandelbar!

Nicht selten spricht unsere Seele über den Körper zu uns und spätestens zu diesem Zeitpunkt sollten wir wieder innehalten und uns fragen:

> *Was gebe und gönne ich mir, um Heil zu erfahren?*
> *Was schenke ich mir, damit es mir gut geht?*
> *Wieviel Selbstliebe trage ich in mir?*
> *Was tue ich mir, meinem Körper, meiner Seele und meinem Geist Gutes?*

Vieles von dem, was wir benötigen, um unsere tiefsten Bedürfnisse zu befriedigen, liegt in uns selbst verborgen. Es ist ein Irrglaube, zu denken, dass das Seelenheil im Außen liegt. Das Gegenteil ist der Fall. Den größten Schatz – Weihrauch, Gold und Myrrhe – tragen wir in uns.
Manchmal ist er aus vielerlei Gründen verschüttet, kaum zugänglich. Doch er ist da: Was es braucht, um ihn zu heben, sind Ruhe, Zuwendung, Mut zur Innenschau und Selbstliebe. Für sich zu sorgen – sich selbst Gutes zu tun – hat zur Folge, dass wir uns selbst etwas sehr Kostbares darbringen. So kostbar, dass wir die Tür dafür weit öffnen sollten.

5

Hochwinter

Rückkehr des Lichts

„Das neue Jahr sieht mich freundlich an, und ich lasse das alte mit seinem Sonnenschein und seinen Wolken ruhig hinter mir."

Johann Wolfgang von Goethe (1749–1832)

Janus

Klarheit

Das kleine Latinum habe ich nicht geschafft. Ich war 16 Jahre alt, als ich mich an unserer Schule für das Freifach Latein anmeldete. Das wohl unpassendste Alter, um freiwillig und ohne Druck Latein zu lernen. Im Herbst ging ich noch regelmäßig in den Nachmittagsunterricht, dann kam der erste Schnee und schon geriet ich in arge Bedrängnis. Es zog mich mit meinen Freundinnen nach draußen auf die Pisten. Nach den Weihnachtsferien war ich dann längst den Verführungen meines neuen Snowboards erlegen. Sollten die Römer doch bleiben, wo sie waren: Ich hatte alle Asterix-Comics gelesen, das sollte reichen fürs Leben! Spätestens bei der Studienwahl wurde ich eines Besseren belehrt, aber wenn ich heute an damals zurückdenke, fühle ich keinen Gram. Natürlich wäre es vernünftiger gewesen, das kleine Latinum zu haben. Natürlich wäre es vernünftiger gewesen, den Vorschriften zu gehorchen und die Stunden nicht einfach ausfallen zu lassen. Natürlich, natürlich, natürlich!
Aber das Gefühl war damals stärker als die Vernunft und es hat gesiegt. Ich möchte meinem jüngeren Ich keinen Vorwurf machen: Es war eine Entscheidung, die ich getroffen habe, weil sie mich damals glücklicher machte. Vielleicht

brauchte ich zu dieser Zeit meine Freundinnen und Freunde und das Draußensein mehr als das Drinnensitzen und das Lernen. So oder so lässt sich diese Entscheidung nicht mehr rückgängig machen. Also stehe ich dazu und halte es lieber mit Edith Piaf und ihrem Bekenntnis, nichts im Leben zu bereuen. Weil es keinen Sinn macht und noch weniger glücklich.

Ein paar Dinge sind auch in den wenigen Lateinstunden, die ich anwesend war, hängen geblieben. Etwa die Geschichte des altrömischen Gottes Janus, nach dem der erste Monat unseres Jahres benannt ist. Janus blickt mit seinen zwei Köpfen sowohl zurück in die Vergangenheit als auch nach vorne in die Zukunft: Seine Augen sehen alles! Den Römern galt Janus, dessen Festtag am 9. Jänner gefeiert wurde, als Gott des Anfangs und des Endes und damit aller Übergänge. Auch an der Schwelle zum neuen Jahr lässt es sich januskopfig gut nach vorne und nach hinten blicken, nach rechts und nach links Ausschau halten. Schauen, was war und schauen, was kommen wird. Mit klarem und unverstelltem Blick: nüchtern, aber dennoch wohlwollend.

Blicke ich so auf meine Vergangenheit, erkenne ich einen Menschen, der auf seinem Weg ist. Der sein Bestes gibt, aber dennoch manchmal scheitert. Der einen Berg erklimmt und dennoch manchmal in den Seilen hängt. Der manchmal gerne eine Abkürzung nehmen würde und

dann doch wieder alle Serpentinen ausgeht. Der manchmal zu schnell und manchmal zu langsam unterwegs ist. Der manchmal nach rechts abgebogen ist, wo ich heute nach links gehen würde. Und der manchmal stolpert und dann eine Entscheidung treffen muss.
All das ist in Ordnung, weil es ein Teil des Weges selbst ist. Weil den eigenen Weg zu gehen auch bedeutet, nicht immer auf kürzester Strecke ans Ziel zu gelangen. Und weil das Ziel aus der Nähe betrachtet ein ganz anderes ist, als das, das man urtümlich angesteuert hat. Es macht keinen Sinn, an Überholtem festzuhalten, das heute keinen Bestand mehr haben würde. Wir ändern uns, also ändern sich auch unsere Ziele und Wünsche.
Schaue ich mit demselben nüchternen Blick in die Zukunft, kann ich mir ausmalen, dass der Weg, der vor mir liegt, nicht viel anders sein wird, als der, der hinter mir liegt. Es wird sich nicht – nur weil ein neues Jahr angebrochen ist – alles zum Guten wenden, aber auch nicht alles zum Schlechten. Alles ist flüchtig und in dieser Flüchtigkeit doch beständig.

Jede und jeder einzelne von uns ist auf dem Weg: Es ist ein Weg, den wir in dieser Form noch nie gegangen sind. Woher sollten wir ihn also kennen?
Wie sollten wir wissen, welche die richtige Abzweigung ist und wo wir das Tempo drosseln sollten? Machen wir nicht schon vieles gut und richtig?
Sollten wir uns zwischendurch nicht einfach einmal lobend auf die Schulter klopfen?

Beständig müssen wir uns für das eine oder andere entscheiden: Gehen wir nach rechts, können wir nicht nach links gehen. Eine Entscheidung für etwas ist auch immer

eine Entscheidung gegen etwas. Das Wichtigste dabei ist wohl, dass man zuerst in alle Richtungen geblickt hat. Stolpern ist erlaubt, zweifeln ebenso.
Janus' Blick legt uns sowohl Nachsicht als auch Vorsicht nahe. Nachsicht, wenn der eigene Blick auf uns selbst oder auf andere wieder einmal zu streng ist. Wenn wir zu hart mit uns selbst oder mit anderen ins Gericht gehen. Vorsicht, wenn wir in Gefahr geraten, ungerecht zu handeln oder vorschnell ein Urteil zu fällen.

Diese klaren, hellen und sonnenbeschienenen Jännertage voller Glitzer und Schneezauber sind ideal dafür, um in und um uns Klarheit zu schaffen: einen Status Quo zu erheben. Zu schauen, wohin der Weg führen wird und wo es zukünftig gilt, mehr Nachsicht oder Vorsicht walten zu lassen. Sie bieten sich geradezu an, für klare Verhältnisse zu sorgen: in Bezug auf Menschen, aber auch in Bezug auf das, womit wir uns umgeben.

Wer darf uns über den Winter hinaus weiter auf unserem Weg begleiten? Was darf bei uns überwintern? Und was darf in diesen kalten, frostigen Tagen bleiben, weil wir es nicht länger brauchen? Weil es unseren Weg nicht erleichtern, sondern nur erschweren würde.
Wo braucht es endlich eine klare Entscheidung?

Der Jänner eignet sich hervorragend, um sich Janus' Blick auszuleihen und das eigene Leben mit Argusaugen zu betrachten. Auszumisten, was weg soll. Zu belassen, was bleiben darf. Warum nicht die langen Abende oder ein Wochenende nutzen, um einen längst überfälligen Blick in Schränke, Dachböden und Kellerabteile zu werfen? Auszusortieren, was nicht mehr gebraucht wird und nur noch

Ballast darstellt. Vielleicht freut sich sogar jemand anderer darüber: Es gibt viele soziale Einrichtungen, die gerne Warenspenden annehmen. Ich selbst stamme noch aus einer Generation, in der das Tauschen von Kleidung unter Freundinnen gang und gäbe ist.

Im Jänner darf einmal alles auf den Kopf gestellt und einer eingehenden Betrachtung unterzogen werden. Studien zufolge treffen wir täglich bis zu 35 000 Entscheidungen. Zugleich haben Wissenschafterinnen und Wissenschafter festgestellt, dass 90 Prozent unserer Gedanken sich wiederholende Gedanken sind. Wer Entscheidungen trifft, steigt aus dem Gedankenkarussell aus und schafft Platz für Neues. Für das neue Jahr und alles, was es mit sich bringt.

Wanderung zu einem Augenbründl

Vielen Quellen wird nachgesagt, dass sie eine heilsame Wirkung auf unsere Augen haben. Solche Augenbründl finden sich beispielsweise bei der Wallfahrtskirche Maria Brunneck auf dem Pass Lueg, bei der Wallfahrtskirche St. Leonhard in Tamsweg, bei der Kirche St. Brigida in Henndorf, in Bad Fusch im Pinzgau oder am Falkenstein am Wolfgangsee. Unternehmen Sie doch einen winterlichen Spaziergang zu einem Augenbründl und benetzen Sie sich die Augen mit dem kalten, frischen Wasser: Das soll zu einem klaren Blick beitragen und so manche Entscheidung erleichtern.

Kälte

Intensität

Die Morgensonne scheint durchs Fenster und die knorrigen Bäume der Streuobstwiese sehen aus wie Scherenschnitte: Tiefschwarz und skulpturengleich wachsen sie aus dem frostigen Boden in den orangefarbenen Jännerhimmel. Mystisch, zauberhaft erscheint die Welt, aufgeräumt und sortiert. Die Natur so frisch und sauber. Klirrend kalt die Luft und dabei so rein, als ließe sie sich mit einem großen Messer in hauchdünne Schnitten teilen. Das Jahr hat noch einen gemächlichen, fast fürsorglichen Takt und wirkt, als wäre es selbst noch nicht so richtig in Schwung.

Die Kälte ist eine Herausforderung für Mensch, Tier und Natur. Der Winter dauert schon einige Wochen und fordert seinen Tribut. Viele von uns haben direkt nach den Feiertagen das Bedürfnis, die Weihnachtskilos wieder loszuwerden. Doch die Fastenzeit gleich um mehrere Wochen vorzuziehen, ist aus ernährungsphysiologischer Sicht nicht ratsam. Der Jänner ist der kälteste Monat des Jahres und auch wenn wir der Kälte nicht mehr in jenem Maße ausgesetzt sind, wie das früher der Fall war, spüren wir instinktiv, dass man im Winter nicht allzu großzügig mit seinen

Ressourcen umgehen sollte. Vielmehr gilt es, kompakt in sich zu bleiben, nicht in Aktionismus zu verfallen, denn die Zeit ist noch nicht reif dafür.

Vor einigen Jahren wurde der dritte Montag im Jänner zum „Blue Monday" erklärt. Der britische Psychologe Cliff Arnall verpasste dem Wochentag das Etikett „traurigster Tag des Jahres". Die Erklärung dafür begründete er mit dem Aufeinandertreffen unterschiedlicher Faktoren: Weihnachten mit seiner Strahlkraft ist vorüber und der Arbeitsalltag hat uns wieder. Das Monatsgehalt wird nicht ausreichen, um die erhöhten Ausgaben für die gekauften Weihnachtsgeschenke auszugleichen, das Wetter ist nach wie vor trübselig und das Motivationslevel an einem Montag ohnehin niedrig. Mitte Jänner stellt sich zudem mitunter heraus, dass die zu Jahresbeginn gefassten Vorsätze nicht eingehalten werden können und linear dazu steigt das Bedürfnis, endlich wieder aktiv zu werden und den Winter hinter sich zu lassen.

Während ich diesem kalten Jännertag beim Erwachen zusehe, lasse ich mir diese Formel durch den Kopf gehen und spüre, wie sich Widerwille in mir regt: Zuschreibungen, die man nach dem Gießkannenprinzip in der Welt verteilt, sind mir zu kurz gedacht. Zum anderen denke ich: Wie kann ein Tag, der so strahlend hell und in purer Perfektion beginnt, der „traurigste Tag im Jahr" sein? Natürlich könnte man aus dem Fenster blicken und das, was man sieht, für die ganze Realität halten: Kälte, Nebel, Eis und Schnee, lange Dämmerung am Morgen und frühe Dunkelheit am Abend. Doch ist es nicht möglich – ja, sind wir nicht geradezu angehalten – uns diese Realität zu eigen zu machen? Sie zu formen und zu wandeln, sodass etwas Gutes daraus entstehen möge, anstatt ihr einfach ein Etikett zu verpassen. Was könnte dieses Gute sein? Vielleicht eine Morgenmediation, bei der man die Schönheit der Natur ganz bewusst wahrnimmt, oder ein kurzer Streifzug durch den Park, der in seiner vollendeten Winterruhe liegt wie eine schlafende Eisprinzessin.

Je länger der Winter dauert, umso größer wird bei vielen Menschen die Sehnsucht nach dem Sommer. Dieser macht es uns leicht, das Leben zu genießen und uns selbst zu spüren: Die Tage sind lang und warm, lichterfüllt und voller Ablenkungen und Verführungen. Der Winter hingegen erfordert ein hohes Maß an Aufwand von uns: Er ist anstrengender – streng im buchstäblichen Sinne. Er wirft uns auf uns selbst zurück. So wenig Ablenkung im Außen und so viel Freiheit, um etwas aus dem eigenen Leben zu machen. Was machen wir mit dem großen Nichts des äußeren und vielleicht sogar des inneren Winters? Auf den Stand-by-Modus zu schalten und auszuharren, bis es wieder Frühling wird, kann eine Strategie sein. Aber ist sie auch befriedigend? Immerhin geht es hier um die eigene, kostbare Lebenszeit: Dieses Ab- und Aussitzen könnte auch als Verschwendung gewertet werden, die wir irgendwann bereuen.

Also dann doch lieber das Beste aus der Situation machen: Den „Blue Monday" nicht abzunicken und als unveränderbare Tatsache zu betrachten, sondern die Energie des inneren Widerstands nutzen und in die eigene Kraft kommen. Einen Status Quo zu erheben: Welche Zeitqualität schenkt uns der Winter und wie können wir diese nutzen, um die eigenen Bedürfnisse zu stillen?

Der Winter birgt Möglichkeiten, die ihn einzigartig machen. Sie zu verleugnen oder zu ignorieren, wird ihm nicht gerecht. Der Winter fordert uns mit einer gewissen Strenge auf, Entscheidungen zu treffen, neue Routinen zu entwickeln. Aber er fordert uns vor allem eindringlich dazu auf, alle Zeitspannen und jeden Augenblick unseres Lebens zu nutzen. Das Leben ist kein Warteraum! Das Leben ist jetzt!

Natürlich können wir im Sommer auf dem Gletscher Skifahren und natürlich können wir im Winter an einem weit entfernten Strand liegen. Doch die Zeitqualitäten zu erkennen, zu nutzen und damit auch zu würdigen, verspricht Tiefe und Intensität.

Tun wir doch das, was nun in diesem Augenblick möglich ist, sich sogar anbietet und den Winter einzigartig macht: Fahren wir in die Berge, um skizufahren, langzulaufen oder mit den Schneeschuhen zu wandern. Gehen wir an den zugefrorenen See, ziehen wir uns die Schlittschuhe an und drehen ein paar Runden auf dem glitzernden Eis! Werfen wir uns nach dem wohltuenden Saunagang nackt in den Schnee und kreischen dabei wie Teenager. All das ist nur im Winter möglich. Holen wir das Beste aus ihm heraus. Nur so können wir uns selbst und auch diese Jahreszeit am allerbesten spüren.

Der Winter fordert uns aber auch auf, aktiv zu werden. Dinge zu tun, zu denen wir ansonsten wenig Zeit oder keine Lust haben. Ich schaffe mir über den Winter immer ein Abo einer großen Wochenzeitung an, für die ich im Sommer niemals die Zeit aufbringen würde, sie zu lesen. Ab März wird das Abo wieder gekündigt.

Eines meiner schönsten Rituale zu Jahresbeginn ist das erste Buch. Ich starte mein Lesejahr immer mit einem Roman von Jane Austen, dazu trinke ich chinesischen Schwarztee mit Kandiszucker. Und ich freue mich das ganze Jahr darauf.

Es gibt Menschen, die keine Routinen mögen. Weil sie meinen, dass diese uns abstumpfen lassen. Routinen sind jedoch wichtig im Leben. Sie sorgen dafür, dass wir uns nicht bei jeder einzelnen Handlung hinsetzen und darüber nachdenken müssen. Noch viel spannender aber ist der Gedanke, dass es keine Routinen im Sinne von langweiligen Wiederholungen geben kann, wenn wir alle unsere Handlungen sehr bewusst ausführen. Auch scheinbar noch so ermüdende und fade Tätigkeiten erhalten – schenkt man ihnen echte Aufmerksamkeit – den Eindruck der Erstmaligkeit. Versuchen Sie es! Putzen Sie einmal ganz bewusst Ihre Schuhe – Bürstenstrich für Bürstenstrich. Setzen Sie sich einmal ohne Handy ins Wartezimmer des Arztes und nehmen Sie alles rund um sich ganz bewusst wahr: Die Geräusche beim Umblättern einer Zeitung, das Niesen, das Läuten des Telefons. Putzen Sie ganz bewusst die Zähne, nicht nur so nebenbei und schnell. Fahren Sie bewusst mit dem Auto: Ohne Radio und mit voller Aufmerksamkeit bei Ihrem Tun. Stapeln Sie das Holz ganz bewusst – Scheit für Scheit. Es ist, als würden alle Sinne wachgekitzelt werden. Es ist, als geschähe alles zum ersten Mal und das tut es in gewisser Hinsicht auch: Denn diesen Moment hat es in dieser Form noch nie zuvor gegeben!

Bewusstes Handeln vertreibt Langeweile. Bewusstes Handeln ist unsagbar aufregend und anregend. Versuchen Sie es immer wieder: Der Jänner bietet sich dafür an. Er ist wie ein unbeschriebenes Blatt Papier, eine weiße Leinwand. Machen Sie sich das zunutze – ganz bewusst und voller Freude.

Bewusstes Handeln schafft Intensität im Leben: Sie führt uns in eine Tiefe, in der wir uns und unsere Lebendigkeit neu wahrnehmen können. Stehen Sie auf, treten Sie ans Fenster und beginnen Sie, den Jänner ganz bewusst zu genießen.

Schneeglöckchen

Kindheit

Der Jänner ist halb um. Als ich am Vormittag in die Küche gehe, drücke ich den Schalter, um das Deckenlicht auszumachen. Dann erst bemerke ich, dass es gar nicht an war. Es ist die Wintersonne, die den Raum erhellt. Es ist, als würde die Natur, die ganze Welt um mich herum aufatmen. Der Himmel ist klar und blau. Jeder unbedeckte Grashalm scheint sich diesem Licht entgegenzustrecken und offenbart dabei eine enorme Kraft und Flexibilität. Unter der Erdoberfläche herrscht noch vermeintliche Ruhe: Im November habe ich 300 Narzissenzwiebeln in die Erde gelegt. Wie es ihnen wohl geht? Wann werden ihre ersten Blättchen herausspitzen? Wie lange wird es dauern, bis der neue Zyklus anbricht oder ist das längst passiert? Gut versteckt unter der hart gefrorenen Erde.

Langsam, aber mit höchster Zuverlässigkeit gerät die Natur in Bewegung – unsichtbar noch für unser Auge und dennoch ist es, als würde die Erde von einem leichten Tremolo erfasst. Eines der ersten Pflänzchen, das es wagt, seine Spitzen durch die Erde zu schieben und sich der Sonne zuzuwenden, ist das Schneeglöckchen – dieses zarte, zauberhafte Blumenwesen, das in seiner Lieblichkeit und Bescheidenheit dem Gänseblümchen ähnelt. Das Schneeglöckchen inspirierte, ähnlich wie das Maiglöckchen, Dichter und Denker: Friedrich Rückert oder Hugo von Hofmannsthal haben dem zarten Pflänzchen

Gedichte gewidmet, Hans Christian Andersen sogar ein ganzes Märchen. Unter Gärtnerinnen und Gärtnern herrscht ein regelrechter Schneeglöckchenkult: Mehr als 200 Arten soll es geben und in England ebenso wie in Deutschland gibt es mittlerweile Schneeglöckchentage und -märkte.

Schneeglöckchen berühren tief in der Seele: In ihrer Symbolik stehen sie für Unschuld, Trost, Reinheit, Hoffnung und Ausdauer. In der Wiese hinter unserem Haus wachsen Jahr für Jahr Schneeglöckchen. Als ich meine Schwiegermutter einmal darauf ansprach, erzählte sie mir, dass genau an dieser Stelle einst ein Garten angelegt war. Nichts davon ist mehr erkennbar, nur die ausdauernden Schneeglöckchen, die Jahr für Jahr wiederkommen, sind eine Erinnerung an die Vergangenheit. Auch in vielen Klostergärten findet man Schneeglöckchen: ihre weißen Blüten sind eine Huldigung der heiligen Maria.

Als Schulkind liebte ich es, Schneeglöckchen zu zeichnen und ich war beim besten Willen keine geduldige oder begnadete Künstlerin. Aber das hübsch geneigte Blumenköpfchen mit den feinen Blütenblättern und den grünen Spitzen malte ich ebenso gerne wie das Gänseblümchen.
Kinder sind schon allein aufgrund ihrer Größe der Erde viel näher als Erwachsene: Sie nehmen Pflanzen, Steine und Tiere wahr, die wir oft gar nicht mehr sehen. Manchmal wäre es aber ratsam, genau diese Perspektive wieder einzunehmen: Ganz dicht an der Erde und damit ganz nah an der Natur. Das Schneeglöckchen mit vorsichtigen Fingern zu berühren und seinen unvergleichlichen Duft einzuatmen.
Das Schneeglöckchen erinnert mich an das Kind, das in mir verborgen schlummert: das ich einst war und das ich

noch in jeder Zelle in mir trage. Dessen Bedürfnisse ich manchmal vergesse oder einfach zur Seite schiebe, weil sie mir nicht wichtig erscheinen. Aber ganz tief in mir drinnen weiß ich, dass es dieses Kind noch gibt und dass dieses Kind einst wie ein Schneeglöckchen zum ersten Mal neugierig die Sonne erblickt und seine Umgebung wahrgenommen hat. Es begegnete der Welt voller Hoffnung. Unbedarft und völlig unvoreingenommen: Vielleicht ein wenig ängstlich, aber auch bereit, um in kleinen Schritten die Welt kennenzulernen.

Viele Kinder müssen schon in jungen Jahren schneeglöckchengleich gegen harsche Nordwinde kämpfen. Der Neuschnee legt sich schwer auf Blüte und Blatt, der Frost lässt sie erzittern. Kinder sind Unsicherheiten und Unwägbarkeiten ausgesetzt und beweisen dabei oft eine unfassbare Stärke. Es ist eine Stärke, die man ihnen kaum zutrauen würde. Irgendetwas in ihnen – in uns allen – hat die Kraft und den Willen, sich ähnlich dem Schneeglöckchen immer wieder den wärmenden Sonnenstrahlen zuzuwenden – trotz all der Verwundungen und Narben. Es ist ein erstaunliches und eindrucksvolles Phänomen.

Als Erwachsene fühle ich, dass ich in der Schuld dieses Kindes stehe. Denn, obwohl es über so viel weniger Ressourcen und Möglichkeiten verfügte als ich heute, hat es in seiner Zartheit eine enorme Kraft und Ausdauer an den Tag gelegt, vor der ich mich verbeuge.
Bei dieser Erinnerung verspüre ich eine große Dankbarkeit und nehme mir vor, das Kind in mir ernster zu nehmen. Ihm mehr Gehör zu schenken, ihm Mitsprache zu gewähren. Ich werde es öfter danach fragen, worauf es Lust hätte und was es sich vom Leben wünscht.

Würden wir auf dem Sonntagsspaziergang ein Schneeglöckchen am Wegesrand entdecken, würde es bestimmt sagen: „Lass uns stehen bleiben und das Schneeglöckchen betrachten. Lass es uns sanft streicheln und lass uns lauschen: Vielleicht hören wir, wie es still und heimlich den Frühling einläutet."

Dem Kind in uns Gehör schenken

Immer wieder höre ich von Freundinnen Aussagen wie: „Ich sollte viel mehr auf das kleine Mädchen in mir Rücksicht nehmen" oder „Ich sollte netter und weniger streng zu mir sein". Was hier angesprochen wird, ist das innere Kind, das sich so oft unbeachtet fühlt. In schwierigen Situationen im Leben oder bei Entscheidungen kann es ein guter Rat sein, dieses eigene innere Kind um seine Meinung zu fragen: Was möchte es jetzt? Was braucht es?
Wer es wagt, seiner kindlichen Stimme Gehör zu schenken, wird Erstaunliches und Überraschendes erfahren. Es ist ein tiefes, inneres Wissen, dem man ruhig vertrauen kann.

Spinnstube

Geselligkeit

Weihnachten ist keine vier Wochen vorüber und der Ginster blüht, die Palmkätzchen und Weiden haben ausgetrieben. Als ich den Briefkasten öffne, sitzt darin eine Wespe. Als Imkerin bin ich alarmiert und besorgt um unsere Bienen, die schon ab einer Außentemperatur von 12 Grad den schützenden Stock verlassen um auszufliegen. Dabei verbrauchen sie viel zu viel Energie, die sie für das Frühjahr noch dringend brauchen werden. Die Winterruhe ist für sie ebenso wichtig wie für viele andere Lebewesen, die den Winter gut überstehen wollen. Die ersten einzelnen Blüten – im Obstgarten habe ich winzige Gänseblümchen, Schneeglöckchen und Winterlinge entdeckt – sind keine Nahrung, die die Bienen sättigen und sie über die nächsten Wochen bringen könnten.

Wir alle sind eingebettet in ein größeres Ganzes: Eng verbunden mit jedem einzelnen Lebewesen und abhängig von der Welt, die uns umgibt. Die Bienen stellen – wie viele andere Klein- und Kleinstlebewesen – ein wichtiges Glied im Nahrungskreislauf dar. Mehr als die Hälfte der heimischen Brutvogelarten gilt als bedroht, ebenso über ein Viertel aller Insektenarten und ein Drittel aller Regenwurmarten. Und noch immer fragen viele Menschen: Was gehen mich die Insekten und Vögel an? Und wozu braucht es Diversität? Wir leben in einer von Lust und Egoismus geprägten Zeit – Hedonismus siegt über Altruismus oder einfacher ausgedrückt: Erst komme ich, dann der Rest.

Ich bin ehrlich: Um Menschen mit dieser Einstellung mache ich einen großen Bogen. Ich treffe mich ungern mit ihnen und lade sie noch weniger gern zu uns ein. Manchmal tue ich es trotzdem, weil ich mich stark und dazu imstande fühle, ihnen die Stirn zu bieten. Und weil ich es auch für meine Pflicht halte, auf Schieflagen hinzuweisen und aufzuklären. Weil ich manchmal Lust habe, mich in Diskussionen zu verwickeln, von denen ich nicht weiß, ob sie irgendeine Wirkung zeigen. Im Leben sollten wir unseren Standpunkt kommunizieren und verteidigen. Aufeinander zugehen kann ein befruchtender Prozess sein, wenn Sturheit, Stolz und Trotz vor der Tür gelassen werden.

Der Jänner ist für mich eine Zeit, in der ich gerne unser Haus fülle: Bis Maria Lichtmess am 2. Februar soll ohnehin kein Gast das Haus unbewirtet verlassen – so zumindest die Tradition. Während im Advent viel zu viel los war, ist der erste Monat des Jahres oft von Leere geprägt. Viele Menschen sind irritiert von diesem großen Nichts. Dieses mit Einladungen oder Unternehmungen mit Freundinnen und Freunden zu füllen, ist äußerst befriedigend. Den Tisch fein zu decken – nicht mit den fulminanten Mahlzeiten der Weihnachtszeit, aber dennoch mit einem warmen, sättigenden Gericht – ist eine wunderbare Möglichkeit, sich als Teil der Gemeinschaft zu fühlen. Wir brauchen das Gegenüber, um uns unserer eigenen Identität bewusst zu werden. Oft

wird einem erst in einem anregenden Gespräch klar, welchen Standpunkt man selbst vertritt.

Ich schätze gute Gespräche, in denen ein Wort das andere ergibt. Über die Jahrhunderte war die Zeit vom Michaelstag am 29. September, spätestens jedoch von November, bis Maria Lichtmess die Zeit der Spinnstuben: In manchen Dörfern gab es sogar öffentliche Spinnstuben, in denen es äußerst gesellig zuging. Bestimmt gab es dazumal schon Reibereien und Unstimmigkeit unter den Anwesenden. Ganz gewiss verliefen nicht alle Gespräche harmonisch und endeten im Konsens. Die Meinungen und Standpunkte von uns Menschen sind so vielfältig wie wir selbst.

Und trotzdem kann märchengleich aus Stroh Gold gesponnen werden, indem wir uns zuhören und austauschen. Indem wir einander zugewandt bleiben und uns empathisch begegnen. Es heißt: „Reden ist Silber. Schweigen ist Gold.“ Die Zeiten haben sich geändert. Sich zusammensetzen, gemeinsam zu „spinnen“ und über all das zu reden, was uns bewegt, tut gut. WhatsApp-Nachrichten und E-Mails können niemals ein gutes Gespräch ersetzen: Wir müssen uns schon begegnen – im Hier und Jetzt – um den anderen mit allen Sinnen wahrzunehmen.

Die Spinne in der Stube

Da ist eine Spinne in unserer Küche: Sie ist riesig. Fast so groß wie mein Handteller. Sie sitzt in der Obstschale zwischen einer Mandarine, einer Zitrone und einem Apfel. Sie wirkt verwirrt, unausgeschlafen, trotzdem ziemlich wach. Ich stelle die Obstschale auf den Boden, kippe sie ein wenig, um der Spinne das Herauskrabbeln zu erleichtern. Als der Kater kommt und die Spinne mit der Pfote anstupst, ermahne ich ihn. „Lass sie bloß in Ruhe“, sage ich, „die wohnt jetzt hier“.

Mein Mann kommt in die Küche, sieht die Obstschale am Boden und inspiziert sie näher. Ich sage: „Die Spinne wohnt jetzt da.“ Er nickt.

Wenig später entdecke ich, dass er die Obstschale auf die Terrasse gestellt hat. Die Spinne sitzt immer noch drinnen, hat sich keinen Millimeter bewegt. Sie sieht aus, als würde sie frieren. Sie sieht nicht so aus, als hätte sie große Lust, die Obstschale zu verlassen und ins kalte Gras zu laufen.

Ich trage die Obstschale wieder ins Haus. Spinnen sind ein Zeichen für Kreativität und Kommunikation und ich halte diese hier für ein gutes Omen für das neue Jahr. Sie darf bleiben. Sie wohnt jetzt hier.

Winteraustreiben

Kräftemessen

Es ist später Nachmittag und noch hell: Am Vogelhaus im Garten herrscht Hochsaison. Es ist gerade so, als würde die bunte Schar von Finken und Meisen jede Minute, die sie der Dunkelheit abringt, einen kleinen Triumph feiern. Die Welt erscheint ein wenig unwirklich: Da, wo gerade noch Dunkelheit war, ist es nun hell. Der frisch gefallene Schnee verstärkt diesen Eindruck noch: Die Dunkelheit ist der Helligkeit gewichen. Die Vögel wirken aufgeregt, völlig aus dem Häuschen: Schwungvoll und nach einem für mich nicht nachvollziehbaren System sortieren sie Körner aus, die in hohem Boden auf der Schneedecke landen. „Die Guten ins Kröpfchen, die schlechten einfach über Bord." Es wird gelärmt und sogar die ein oder andere Unstimmigkeit ausgetragen. Die Vogelschar wirkt erfrischt und erstarkt, munter, ausgeschlafen und selbstbewusst: Die Tiere gehen bei Weitem nicht mehr so sparsam mit ihrer Energie um, wie sie es noch die letzten Wochen taten. Liegt etwa der Frühling schon in der Luft?

Die wahrhaft verführerischsten Tage des Winters sind angebrochen: Der Neuschnee kam über Nacht – die Nordstaulage

hielt über mehrere Tage an. Die Gipfel sind tief verschneit, die Pisten genial präpariert. Eiskristalle glitzern wie Diamanten auf der Schneedecke und flirren durch die Luft wie Konfetti: Die Sonne vergoldet das schier närrisch anmutende Treiben dieses Naturschauspiels, indem sie jedes Kristall schimmern lässt. Das Geräusch der Kufen und Kanten unter den Füßen lässt die Herzen von Wintersportlerinnen und Wintersportlern höherschlagen: Ob auf der Loipe oder auf der Piste – der Winter in den Bergen ist an Anziehungskraft kaum zu überbieten. Endlich zeigt er sein wahres Gesicht: Das Schöne und Unwiderstehliche! Das Gesicht, das ich am liebsten zwischen die Hände nehmen und küssen würde: Winter, endlich bist du da! Lass mich dich umarmen und einen wilden Tanz aufführen. Lass uns einen Schneewalzer anstimmen und über die Bergkämme tanzen. Ich kann dich spüren, mit jeder Faser meines Körpers. Die eisig kalte Luft in der Lunge, die Wangen gerötet, die Oberschenkel zittern von der Abfahrtshocke. Winter, du forderst mich heraus und ich nehme diese Herausforderung gerne an.

Der Jänner ist aber auch die Zeit, in der mit viel Lärm, Licht, Feuer, Masken und Spektakel der Winter mitsamt seinen Geistern und Dämonen ausgetrieben wird. Das wahrhaft närrische Treiben scheint genauso energiegeladen wie das Zusammentreffen der Vögel an der Futterstelle.

Da werden Kuhglocken geläutet und Töpfe geschlagen, es wird wild mit den Füßen aufgestampft. Die Tresterer im Salzburger Oberpinzgau lassen mit ihren Sprüngen und Plattlern die Holzböden erzittern, bereits am 5. Jänner sind die Glöckler mit ihren fantasievollen Lichterkappen im Salzkammergut unterwegs. Auch die Aperschnalzer rücken mit den eindrucksvollen „Goaßln" im Flachgau und dem Rupertiwinkel dem Winter zu Leibe. Es sind unheimliche, mystische und kraftvolle Bräuche, die unter die Haut gehen. Sie scheinen nicht nur die Kräfte der Natur, der Fruchtbarkeit und des Wachstums unter der Schneedecke zu wecken, sondern auch eigene uralte Erinnerungen, irgendwo abgespeichert in unseren Zellen.

Es ist eine Zeit, in der sich die Kräfte messen: Der Winter zeigt sich noch stark und übermächtig, der Mensch hat ihn schon ein wenig satt, die Natur regt sich. Wir alle kennen das Ende dieses Spiels: Wir alle wissen, dass der Winter nachgeben wird, auch wenn er Ausdauer beweist.

Meine Mutter erzählte mir, sie hätte als Kind Angst gehabt, dass der Winter niemals ende. Ich kann sie verstehen: Sie wuchs an einem so abgelegenen Ort am Fuße des Tennengebirges auf, dass der Schulweg bei Schnee gut zwei Stunden dauerte. Die größeren Kinder gingen voran, um eine Spur im Neuschnee auszutreten, die kleineren stolperten hinterher – bei Kälte und in völliger Dunkelheit. War die Schule endlich erreicht, war die kleine Schar durchgefroren, nass und meist zu spät, was zur Folge hatte, dass sie die eh schon klammen Finger ausstrecken mussten, um sich die Hiebe mit dem Rohrstock abzuholen. Der Lehrer war die Autorität, ein Kräftemessen kam gar nicht in Frage. Im Sommer hingegen, erzählte meine Mutter, war das Leben

so federleicht: Auf dem Nachhauseweg fischte sie Forellen aus dem Fluss oder nahm freiwillig den Weg über die Alm, um die Ziegen zu besuchen.
Manchmal überlege ich, wie viele Generationen zwischen ihrem und meinem Leben liegen und bin erstaunt, dass es eine einzige ist. Wie hat sich die Welt doch in kürzester Zeit verändert!
Jetzt im Jänner ist das Kräftemessen an allen Ecken und Enden spürbar und es regt mich dazu an, über meine eigenen Kräfte nachzudenken. Über meine Wehrhaftigkeit, meinen Mut und meine Ausdauer.

Stehe ich für das ein, was mir wichtig ist?
Wehre ich mich bei Angriffen und sind sie noch so unterschwellig und subtil?
Traue ich mir zu, für mich einzustehen, einen Konflikt auszutragen oder gehe ich stets in die Flucht?
Wie gut kann ich mich abgrenzen?

Vieles hat sich seit der Schulzeit meiner Mutter verändert, zum Glück! Und doch lassen wir auch heute noch viel zu oft zu, dass unsere Grenzen – sei es körperlich oder verbal – überschritten werden.
Ich bewundere die Wehrhaftigkeit der kleinen gefiederten Gäste im Garten, die sich von ihren Artgenossinnen und Artgenossen nichts gefallen lassen, ebenso die des Winters. Er verabschiedet sich nicht einfach so, nur weil der Kalender es vorgibt. Er scheint seinen ganz eigenen Willen zu haben. Er wehrt sich bis zum Schluss. Und damit ist er ein gutes Vorbild. Auch wenn er am Ende den Kürzeren ziehen wird, hat er noch einmal all seine Kräfte spielen lassen. Damit kann er sein Dasein manchmal ganz schön in die Länge ziehen. Und dafür zolle ich ihm Respekt.

Zaubernuss

Geschenk

Alles hat seine Stunde.
Für jedes Geschehen unter dem Himmel
gibt es eine bestimmte Zeit:
eine Zeit zum Gebären und eine Zeit zum Sterben,
eine Zeit zum Pflanzen und
eine Zeit zum Abernten der Pflanzen,
eine Zeit zum Töten und eine Zeit zum Heilen,
eine Zeit zum Niederreißen und eine Zeit zum Bauen,
eine Zeit zum Weinen und eine Zeit zum Lachen,
eine Zeit für die Klage und eine Zeit für den Tanz;
eine Zeit zum Steinewerfen und
eine Zeit zum Steinesammeln,
eine Zeit zum Umarmen und
eine Zeit, die Umarmung zu lösen,
eine Zeit zum Suchen und eine Zeit zum Verlieren,
eine Zeit zum Behalten und eine Zeit zum Wegwerfen,
eine Zeit zum Zerreißen und
eine Zeit zum Zusammennähen,
eine Zeit zum Schweigen und eine Zeit zum Reden,
eine Zeit zum Lieben und eine Zeit zum Hassen,
eine Zeit für den Krieg und eine Zeit für den Frieden.

Buch Kohelet

Pieter Bruegels Gemälde zählen für mich zu den wunderbarsten Darstellungen des Winters. Sie begeistern mich immer wieder aufs Neue. Sie laden geradezu ein, sich in ihnen zu versenken. Die „Jäger im Schnee" oder „Winterlandschaft mit Vogelfalle" bilden das dörfliche Treiben und das winterliche Leben in der Natur in bewundernswerter Detailgenauigkeit ab: auf den Dächern liegt Schnee, der Fluss ist zugefroren, Raben hocken auf den kahlen Ästen. Kinder drehen ihre Runden auf dem Eis, ein Paar tanzt, der Hund schaut zu. Vor dem Gasthaus wird ein Feuer geschürt, ein Pferdegespann rumpelt durch die Allee, der Jäger zückt die Flinte. Die Bilder entstanden ab der Mitte des 16. Jahrhunderts, als die Kleine Eiszeit den Menschen bitterkalte Winter bescherte, die voller Entbehrungen waren und damit eine existenzielle Bedrohung darstellten. Es waren Winter, die wenig mit der kalten Jahreszeit zu tun haben, wie wir sie heute erleben. Wer ein sicheres Zuhause hat, muss kaum noch frieren. Wir sind nicht mehr auf geschickte Jäger angewiesen, sondern genießen den Luxus von Supermärkten und damit auch die Absurdität des globalen Handels: Erdbeeren zur Weihnachtszeit sind keine Seltenheit auf den heimischen Tischen und in den Zirbenstuben. Für kurze Zeit scheint man zu vergessen, dass man doch eigentlich ein Zeichen gegen den Klimawandel setzen und saisonal und regional einkaufen wollte.

So kraftvoll und vital Pieter Bruegels Bilder auf den ersten Blick wirken, so unübersehbar sind aber auch die Zeichen der Vergänglichkeit in ihnen: Das Feuer, das ein Haus zu zerstören droht, die erfolglosen Jäger bei ihrer Rückkehr, die Krähen und selbst das Eislaufen sind Allegorien für die Unsicherheit im Leben.

Vieles, was rund um uns passiert, könnte uns Angst machen. Und jede Generation ist mit anderen Unwägbarkeiten konfrontiert. Jede Generation hat ihren ganz eigenen Winter.
Das 16. Jahrhundert markierte das Ende des Mittelalters und gilt als eine Zeit des Aufbruchs: Der Buchdruck war erfunden, Martin Luther schlug die Thesen an und übersetzte die Bibel. Der Reformator gilt auch als der Erfinder des Christkindes, das erst vor ein paar Wochen über unsere Häuser geflogen ist und für leuchtende Kinderaugen sorgte. Auch wenn sich so einiges verändert, überdauert viel Gutes und Schönes die Zeit.
Auch wir befinden uns im steten Wandel: Einiges geht uns zu schnell, anderes wiederum dauert zu lange. Die berühmten Zeilen aus dem Buch Kohelet fassen zusammen, womit wir oft hadern: dass alles seine Zeit hat und braucht.

Die Zaubernuss im Garten, deren Äste im Mittelalter als Wünschelruten verwendet wurden, hat bereits ihre Knospen geöffnet. Mit ihren feinen, fedrigen Blüten würde sie gut in eines von Pieter Bruegels Bilder passen. Die Pflanze ist wie ein außergewöhnliches Geschenk im Garten. Sie hat sich die kälteste Zeit im Jahr ausgesucht, um in ihre Blüte zu gelangen: ungewöhnlich, egozentrisch, fast frech. Es scheint, als würde sie die leere Bühne des Gartens nutzen, um sich gekonnt in Szene zu setzen. Und sie hat recht: Neben der Blütenpracht des Frühjahrs und Sommers würde sie untergehen, ja geradezu unscheinbar wirken. So aber sorgt sie für Überraschungsmomente und Ausrufe des Glücks. Was für eine kluge Strategie!

Hier im winterlichen Garten zu stehen und zu sehen, wie die Zaubernuss ihre Blüten entfaltet, erfüllt mich mit

Glück. Wir alle, die diesen Winter erlebt und durchlebt haben, verdanken unser Hiersein vorangegangenen Generationen, ohne die es uns nicht geben würde: Offenbar waren unsere Ahninnen und Ahnen erfolgreicher bei der Nahrungssuche als die Jäger auf Pieter Bruegels Gemälde, die mit leeren Händen ins Dorf zurückkehren. Sie waren geschickt und klug, vielleicht hatten sie auch einfach nur Glück, dass das Eis des Flusses sie getragen hat. Sie sind durch hohen Neuschnee in die Schule gestapft und haben sich nicht von ungerechten Lehrern unterkriegen lassen. Sie haben an sich geglaubt und die Hoffnung auf ein besseres Leben, eine bessere Zukunft nicht aufgegeben, auch wenn diese ungewiss war. Vielleicht haben sie sogar Neues gewagt und einen Wandel angestoßen. In jedem Fall haben sie dem Winter – dem echten und dem übertragenen – die Stirn geboten. Nur deswegen sind wir hier.

Das Leben ist ein Geschenk wie die Blüte der Zaubernuss. Wir haben nicht darum gebeten. Es mit allem, was es mitbringt, anzunehmen, scheint mir jedoch ein weiser Ratschlag. Denn das Leben ist vergänglich wie der Winter und jetzt ist unsere Zeit.

Maria Lichtmess

Lust

Und glaube ja nicht,
dass der Garten im Winter
seine Ekstase verliert.
Er ist still.
Aber die Wurzeln sind aufrührerisch –
ganz tief da unten.

Rumi (1207–1273)

Es ist kurz vor 17 Uhr und ein Sturm mit Orkanböen fegt übers Land. Auf den Bergen gab es in den letzten Tagen fast einen Meter Neuschnee und in dieser Nacht soll es weiterhin kräftig schneien. Der Winter lässt nicht locker. Ganz im Gegenteil! Es macht den Anschein, als ob er nun – pünktlich zum traditionellen Ende der Weihnachtszeit – noch einmal ein Schäuflein nachlegen möchte. Und dennoch: Er hat sein Gesicht verändert. Statt grimmig-kalter Mimik erscheint er mir ein wenig milder, weniger rau, ab und zu sogar heiter. Die Straßenlaternen tragen windschiefe Schneemützen, die sich keck zur Seite neigen. Mutig fangen die Eiszapfen tagsüber das Sonnenlicht ein und müssen dieses Unterfangen teuer büßen: Tränengleich tropfen sie ihrer Vergänglichkeit entgegen. Wie aus Trotz werden die kreisrunden Pfützen auf dem Asphalt in den Abendstunden noch einmal zu Eis gefrieren und vielleicht sogar jemanden zu Sturz bringen. Vielleicht. Vielleicht auch nicht. So ganz sicher scheint sich der Winter selbst nicht mehr zu sein.

Heute ist es draußen noch hell: Die Natur hat sich an ihre Regeln gehalten, blieb verbindlich und zuverlässig. „Zu Lichtmess eine ganze Stund'" heißt es: Die Tage werden länger – drei Minuten waren es von gestern auf heute und werden es auch von heute auf morgen sein. Um 7.34 Uhr ging die Sonne auf, um 17.08 Uhr unter. Gut neuneinhalb Stunden dauert der Tag, am 24. Dezember war er eine Stunde kürzer.

Auf dem Tisch stehen die ersten Tulpen und zaubern einen pastellfarbenen Hauch von Frühling in die Küche. Der warme Schein des Holzfeuers steht im Kontrast zu dem hellen, stahlgrauen Licht des frühen Abends. Generationen von Handwerkern beendeten am 2. Februar erstmals im neuen Jahr ihr Tagwerk bei Helligkeit. Endlich konnte wieder ein wenig Petroleum eingespart werden.

Auch ich habe mein Tagwerk beendet: früher als geplant. Die Katze mauzte so lange auf dem Sofa, bis ich mich endlich zu ihr setzte. Mit einem tiefen Seufzer ließ sie sich auf die Wolldecke fallen, von der sie sich in den letzten Wochen kaum erhoben hatte, begann zu schnurren und schmiegte ihren Kopf an meine Hand. Dieses kleine Wesen mit dem weichen Fell, der beneidenswerten Duldsamkeit und dem störrischen Willen hat uns durch die letzten Wochen und Monate begleitet. Immer war sie da, hat treuherzig um sich geblickt und uns mit ihrem kleinen Körper gewärmt. Und

doch scheint auch sie den Frühling in der Nase zu haben: Seit ein paar Tagen geht sie wieder freiwillig nach draußen, setzt sich auf die Bank und beobachtet mit wachem Blick die Vögel und die Äste, die sich im Wind bewegen. Und sie schnuppert an den pheromongetränkten Spuren, die die fremden Kater hinterlassen. Das ganze Jahr sieht und hört man sie nicht: Und plötzlich tauchen sie lustvoll gurrend in Scharen an den Feldrändern auf. Kleine Rebellen, die nicht glauben können, dass ihnen eine 15-jährige Kätzin nur noch einen gelangweilten Blick zuwirft. Man kann ja nie wissen!
Auf die Decke aus feinster Schafwolle legt sich die Katze jetzt nur noch ab und zu: Neue Plätze haben ihre Gunst gewonnen. Ähnlich wie früher am 2. Februar die Spinnstuben geschlossen wurden, scheint auch die Katze alte Räume zu schließen und neue zu eröffnen.

In einigen Ländern Europas ist es an Maria Lichtmess Tradition, dass Kinder mit selbst gebastelten Laternen von Haus zu Haus ziehen und das Licht zurückbringen. In unseren Breitengraden markiert der 2. Februar das Ende des bäuerlichen Jahres: Es war der wichtige Tag des Dienstbotenwechsels. Veränderungen lagen in der Luft!
Genau vierzig Tage liegt Weihnachten nun zurück. Die wichtige und heilsame Zahl 40, da ist sie wieder! Vierzig Tage vor Weihnachten begann die Philippus-Fastenzeit. Achtzig Tage ist das nun her: wie doch die Zeit vergeht!
Bei uns ziehen keine Kinder von Haus zu Haus, doch es wird in vielen Gemeinden ein Lichtmess-Gottesdienst gefeiert, um die Weihnachtszeit im Lichterglanz zu verabschieden, ebenso die Krippe. Der Überlieferung nach brachte Maria vierzig Tage nach der Geburt den Neugeborenen in den Tempel, wo sie Hanna und Simeon begegnete. Der Stall ist längst leer, die Weihnachtszeit vorüber.

Bei uns steht der Christbaum traditionell bis Anfang Februar: „Leise rieselt der Baum“, könnte man fast singen. Aber es tut gut, die Vergänglichkeit ein klein wenig länger auszuhalten und dann mit viel Schwung und Elan das Alte aus dem Haus zu werfen. Die Zeit der Innenschau, der Ruhe und der Einkehr ist nun vorbei. Die Katze spürt das intuitiv. Und doch war das Warten, das ausdauernde Ausharren so wichtig: Nicht gleich alles wieder vom Tisch zu fegen, die Dekoration zu verstauen, sondern der Welt ihre Zeit zu geben.

Nun lockert der Winter seinen Griff. Es ist Tradition, Schutz- und Wetterkerzen an Maria Lichtmess weihen zu lassen und mancherorts werden ein Lichtmessbratl oder Krapfen aufgetischt. Bis 1912 war der 2. Februar ein gesetzlicher Feiertag in Österreich: Schon das verdeutlicht, wie wichtig dieser Tag für die Bevölkerung war. Anstatt zu arbeiten, wurde in die Kirche und auf den Jahrmarkt gegangen, am Abend der Rosenkranz gebetet und die Truhe gepackt. Denn der nächste Tag – der sogenannte „Schlenkertag“ – war jener Zeitpunkt, an dem die Dienstbotinnen und Dienstboten den alten Arbeitsplatz verließen, um einen Neuanfang zu wagen. Nun wurde der Lohn für ein ganzes Jahr ausgezahlt und in den nächsten drei Tagen vollzog sich der Dienstbotenwechsel: Es war die Zeit des Abschiednehmens und die Zeit, um den Horizont zu erweitern und neue Menschen kennenzulernen. Alle Zeichen standen auf Neubeginn!

Über all das denke ich nach, während das Feuer brennt: Es ist kurz nach halb sechs und nun doch dunkel. Bis zum Monatsende wird der Tag noch kräftig anwachsen und schon elf lichterfüllte Stunden lang sein. Ich fühle mich wohlig eingehüllt und dennoch in Richtung Frühling

getragen: Das Holzfeuer flackert, die Tulpen neigen ihre Köpfe, der Abend strahlt eine segensvolle Ruhe aus.
Es fühlt sich gut an, das Tagwerk zu beenden. Es fühlt sich aber ebenso gut an, den Winter nun hinter sich gelassen zu haben. Was Anfang November begonnen hatte, scheint nun seinem natürlichen Ende entgegenzustreben. Die Tage werden länger, das Licht hat gesiegt.
Der Winter war wieder einmal mit all seiner Dunkelheit über uns gekommen, doch wir haben ihn gemeistert. Mit seinen Lektionen und stillen Stunden, seiner Dunkelheit und seiner Kälte. Sind tief in unser Innerstes abgetaucht: Haben Dinge entdeckt, die wir vielleicht gar nicht sehen wollten. Es waren aber auch wohlig-warme Stunden dabei, Stunden der Freude und des Lachens, der Gastlichkeit und der Geborgenheit.

Es ist gerade so, als würde ich spüren, dass jemand eine lange, feste Umarmung lockert. Und an diesem Abend zwischen Winter und Frühling wird mir klar: Es war kein eiserner Griff! Es war eine liebevolle Umhüllung, die mir der Winter schenkte. Eine Einladung, mich fallen zu lassen – geradeso wie die Katze auf die Decke – und mich hinzugeben. Keine Angst zu haben, sondern im Vertrauen zu bleiben. Es war eine Zeit der Reife: So, wie sich die Wurzeln und Blumenzwiebeln unter der Erde behütet fühlten, war auch ich behütet.

Nun bin ich bereit, ja, bestens vorbereitet – um ans Licht zu treten. Wie die frechen Kater am anderen Ende der Wiese. Gemeinsam begrüßen wir den Frühling und rufen ihm zu: Hallo, hier bin ich!
Das Jahr gehört mir und ich werde tun, wozu ich Lust habe! Ich werde den Fasching feiern und ich werde meinen

Geburtstag feiern. Ich werde Bärlauch sammeln und Palmkätzchen schneiden. Ich werde Osterhasen suchen und die ersten Maiglöckchen pflücken. Ich werde auf Reisen gehen und wieder nach Hause zurückkehren. Ich werde traurig sein und herzhaft lachen. Ich werde schlafen gehen und wieder erwachen. Ich werde Abschied nehmen und neue Menschen kennenlernen.

Das Jahr liegt vor mir: Ich fühle mich ausgeschlafen, geerdet und voller Zuversicht. Die Wochen der Dunkelheit haben meinen Blick geklärt, um die Schönheit der Welt aufs Neue zu sehen.

Der Winter hat mir – wie ein fürsorglicher Elternteil – die Wurzeln gegeben, damit ich nun meine Flügel ausbreiten kann. Um nach draußen zu gehen, mich zu zeigen und lustvoll das Leben zu leben.
Die Zeit des Innehaltens ist vorbei: Das Licht und die Lust kehren zurück. Und ich bin dabei!
Danke, lieber Winter, für diese Lektion.
Wer hätte gedacht, dass du es so gut mit mir meinst.
Jahr für Jahr.

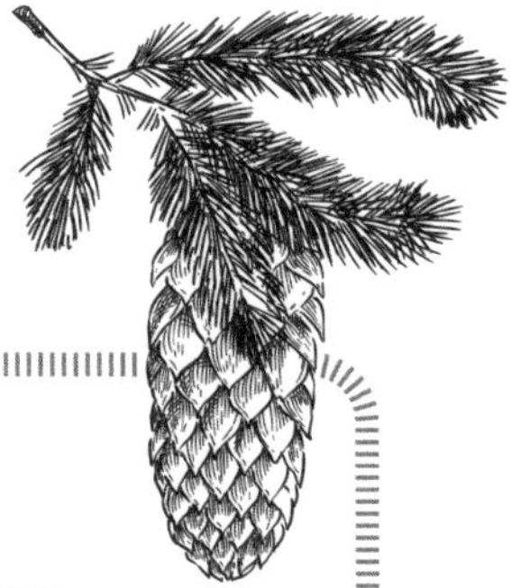

Wohltuender Saunagang

Das Lichtmessfest hat seinen Ursprung im Fest der Brigid, der keltischen Göttin des Lichts und des Feuers. Imbolc – so der keltische Name – zählt zu den acht Jahreskreisfesten, zu denen auch die Winter- und Sommersonnenwenden im Dezember und Juni, die Tag- und Nacht-Gleichen im März und September, Beltane im Mai, Lughnasadh im August und Samhain im November zählen. In einigen Ländern ist es zu Lichtmess Tradition, den Tag mit reinigenden Ritualen zu begehen. Bei einem Winterurlaub in Helsinki entdeckte ich auf dem Markt Birkenreisig, das im Herbst geschnitten und eingefroren worden war. Mit diesem Birkenreisig schlägt man sich während eines Saunagangs auf den Rücken, um den Vorgang der Reinigung zu unterstützen. Seither überwintern auch in meiner Kühltruhe immer ein paar Birkenzweige.
Ein anderes schönes Ritual ist es, Kräuter aus dem selbst gepflückten Kräuterbuschen aufzubrühen und als Aufguss zu nutzen. Zur Not tut es auch ein feiner Kräutertee, um die Pflanzengeister des Sommers lustvoll in der Hitze der Sauna auferstehen zu lassen.

Danksagung

Ich bedanke mich bei den vielen Menschen, die ihre Erfahrungen und ihr Wissen im Rahmen von Interviews und Gesprächen mit mir teilen und mich in meinem Schreiben inspirieren: insbesondere Christiane Grainer (www.christians-restaurant.de) für das Quitten-Gelee-Rezept, Dagmar Waldinger für ihre Gedanken zur Weihnachtszeit, Karin Buchart für ihr Wissen rund um Ernährungsfragen, Eva Kilwing für ihre Einblicke in die Welt des Weihrauchhandels (www.weihrauch-manufaktur.de) sowie Florina und Ion. Weiters gilt mein Dank Leo Bauernberger (www.salzburgerland.com) und Michaela Gründler (www.apropos.or.at). Danke an meine ganze Familie und unsere Tiere.

© Nadine Schmidt

Franziska Lipp
Mag.ª, studierte Werbe- und Tourismussoziologin sowie Kommunikationswissenschafterin. 2004 gründete die Texterin und Konzepterin ihre eigene Agentur in Salzburg.
www.franziskalipp.com